LE MAGASIN DES ENFANTS

Tome 1

LE MAGASIN DES ENFANTS

Tome 1

d'après
Le travail d'adaptation de Madame Eugénie Foa,
augmenté de la préface originale de
Madame Leprince de Beaumont

Où l'on trouve :
La Belle et La Bête
Le Prince Charmant
Les Trois Souhaits

...

Illustrations d'après :
« The Story of the Bible » de Charles Foster
(illustrée par F.B. Schell et autres)
et Gustave Doré

LA FRANCE PITTORESQUE

COLLECTION « L'Enfance Pittoresque »

© *La France pittoresque, 2017*
ISBN 978-2-3672202-2-2

Illustration de couverture : *D'après un dessin de Morel,*
pour « Le Premier livre illustré de mes petits enfants » (1878)
Site Internet : www.france-pittoresque.com
Mail : info@france-pittoresque.com

Pour honorer ceux qui transmettent le savoir.

(C.N.)

Avertissement

Lorsque je me suis déterminée à donner ce magazin au public, je ne me suis point dissimulé les difficultés de mon entreprise. Cet ouvrage est tel par sa nature, me disais-je à moi-même, qu'il doit déplaire nécessairement à toutes les personnes formées, s'il est ce que j'ai prétendu de faire. Les difficultés que j'avais prévues ont augmenté dans l'exécution, et plus de vingt fois je me suis vue sur le point de tout abandonner, par le désespoir de réussir. Je me faisais par avance toutes les objections que me ferait le public, et j'en étais d'autant plus effrayée, que, malgré leur solidité aparente, je me trouvais dans la nécessité de n'y avoir point d'égard. J'achevai enfin l'été passé de remplir la pénible tâche que je m'étais imposée ; et pleine de défiance du succès, je communiquai mon manuscrit à un grand nombre de personnes. Quelle fut ma surprise ! plusieurs d'entr'elles, dont le goût éprouvé peut servir de règle, m'avouèrent qu'il les avait amusées assez, pour n'avoir pu le quitter avant de l'avoir achevé. Ce succès inespéré me découragea absolument. J'ai voulu travailler pour les enfants me disais-je, j'ai manqué mon but, puisque les personnes faites s'amusent de mon ouvrage. Cette crainte me fit suspendre l'impression ; il me fallait d'autres juges, et je les ai cherchés parmi mes écolières de tous les âges. Elles ont toutes lu mon manuscrit. L'enfant de six ans s'en est divertie, aussi bien que celles de dix et de quinze. Plusieurs d'entr'elles, à qui je désespérais de faire naître le goût pour l'étude, en ont écouté la lecture avec une avidité qui ne me laisse rien à souhaiter, et qui me répond du succès. Je me suis convaincue absolument, par cette expérience, d'une chose que je soupçonnais. Le dégoût d'un grand nombre d'enfants pour la lecture, vient de la nature des livres qu'on leur met entre les mains ; ils ne les comprennent pas, et de là naît inévitablement l'ennui. Je n'en excepte aucun ouvrage, quand je porte cette décision. Les miens, comme les autres, sont sujet à cet inconvénient, et je suis contrainte de les refondre, quand je veux les faire comprendre, non seulement aux enfants du premier âge, mais même à ceux qui seraient capables de les comprendre parfaitement s'ils étaient écrits en anglais. Une fille de quinze ans, qui commence à apprendre le français, a besoin d'un style aussi simple, qu'un autre de cinq ans, qui lit dans sa langue maternelle. Qu'on juge par là de l'ennui que doivent donner aux autres enfants, la lecture et la traduction de

Télémaque et de *Gil-Blas*, auxquels on borne d'ordinaire toutes leurs lectures dans les écoles. Ces livres, qui sont des chefs-d'oeuvres en leur genre, sont pour eux, à peu près comme du grec ; aussi ai-je trouvé en Angleterre plusieurs personnes qui ne pouvaient goûter ces ouvrages, parce qu'il leur était resté une impression fâcheuse de l'ennui qu'elles avaient éprouvé en les traduisant. On me dira : nous avons douze volumes de contes de fées, nos enfants peuvent les lire : à cela je réponds : outre que ces contes ont souvent des difficultés dans le style, ils sont pernicieux pour les enfants auxquels ils ne sont propres qu'à inspirer les idées dangereuses et fausses. Comme j'avais résolu de m'approprier tout ce que je trouverais à mon usage, dans les ouvrages des autres, j'ai relu avec attention ces contes, je n'en ai pas lu un seul que je pusse raccomoder selon mes vues, et j'avoue que j'ai trouvé les *contes de la Mère l'Oye*, quelque puériles qu'ils soient, plus utiles aux enfants, que ceux qu'on a écrit dans un style plus relevé. Je trouve moyen de faire comprendre aux enfants, lorsqu'ils lisent *Barbe-Bleue*, les inconvénients d'un mariage fait par intérêt ; les dangers de la curiosité, les malheurs qui peuvent arriver du peu de complaisance qu'on a pour les caprices d'un époux : l'inutilité du mensonge, pour éviter le châtiment. En pourrais-je trouver autant dans les douzes volumes que j'ai cités ? Le peu de morale qu'on y a fait entrer, est noyé sous un merveilleux ridicule, parce qu'il n'est pas joint nécessairement à la fin qu'on doit offrir aux enfants ; l'acquisition des vertus, la correction des vices.

Cette réflexion me conduit naturellement au but que se doivent proposer les personnes qui se consacrent à l'éducation des enfants. Je l'ai déjà dit dans mon traité d'éducation ; mais je le répéterais encore mille fois, que je ne croirais pas l'avoir assez dit. *Former les moeurs, tirer parti de l'esprit, l'orner, lui donner une tournure géométrique, régler l'extérieur.* Tout ce qu'on dit aux enfants, tout ce qu'on écrit pour eux, tout ce qui s'offre à leurs yeux, doit tendre à cette fin, ou y être amené adroitement par un habile maître. Si mon ouvrage est conforme à ces vues ; s'il les remplit, mon ouvrage est suffisant pour donner une bonne éducation : entrons dans le détail. Tout le monde convient que la correction des moeurs est le principal point de l'éducation. On répète continuellement aux enfants : rien n'est plus vilain que de mentir, de se mettre en colère, d'être gourmand, désobéissant. Qui ne croirait que ces vices sont très rares dans le monde, eu égard aux soins qu'on se donne pour en éloigner les enfants ? Ils devraient les avoir en horreur, et ils les auraient effectivement, si au lieu de faire entrer les maximes qu'on leur a débitées à ce sujet dans leur mémoire, on les avait fait pénétrer jusqu'à leur raison. Toutes nos fautes viennent de deux sources, ou de la fausseté de nos idées, ou du défaut de conviction, et ces deux sources de nos malheurs ont leur origine dans notre éducation. Les termes me manquent pour exprimer ce que je sens, et ce que l'expérience me découvre tous les jours. Qu'on me permette donc, de me faire entendre comme je pourrai, et qu'on excuse mes fautes.

Je disais l'autre jour à une Dame de seize ans, qu'on pourrait la comparer à une jeune mariée, qui en entrant dans la maison de son mari, qui est la sienne, établirait son domicile près d'une fenêtre, pour ne rien perdre de ce qui se passerait dans la rue. Si on demandait à cette Dame au bout de deux ans, de quelle couleur sont vos meubles, instruisez-nous des sujets des tableaux qui sont dans votre maison, comment en a-t-on distribué les apartements ? et qu'elle me répondit : Je ne sais pas un mot de toutes ces choses ; mais en récompense je puis vous détailler tous les carrosses qui passent tous les jours dans ce quartier, le nombre des domestiques qui suivent les chaises, les habits de celles qui les remplissent. Cette âme ferait une extravagante, me répondit mon écolière ; et nous sommes toutes des extravagantes, ajoutai-je. Notre Dame passe sa vie à la fenêtre, c'est à dire, qu'elle ne s'occupe que des choses qui frappent les sens, et qu'elle ignore absolument ce qui est au dedans d'elle-même, dans sa propre maison. D'où vient cela ? D'une mauvaise habitude prise dans la jeunesse. On s'occupe à attirer l'âme des enfants aux fenêtres, on en fait des êtres parlants, écoutants, regardants ; et on ne réfléchit pas qu'il faudrait en faire des êtres pensants. Ce défaut est surtout celui des personnes du sexe, et il n'est pas possible d'imaginer ce qu'il m'en coûte pour l'extirper. Que de stratagèmes pour exciter la curiosité de se connaître soi-même ! Combien de soins pour piquer la vanité, en exposant aux jeunes personnes la profondeur, la honte de leur ignorance, de leurs préjugés, de leurs sottises ! j'en ai vu souvent pleurer de dépit, en se voyant peintes au naturel. C'était quelque choses, mais ce n'était pas tout ; il fallait après cela extirper la paresse qui, sous l'habit de la modestie, du découragement, travaillait à leur persuader qu'elles manquaient du génie nécessaire pour réfléchir, ou que cet exercice était trop pénible. Il fallait lutter contre les dissipations perpétuelles, à laquelle on livre les jeunes personnes à Londres, où une jeune fille de dix ans s'excuse gravement sur ses grandes occupations, de ne pouvoir remplir la tâche dont elle s'était chargée. Malgré tous ces obstacles, je commence à recueillir le fruit de mon travail ; je ne dis rien à mes écolières ; sans les assujettir à me prouver s'il est vrai ou faux, par des raisons sans répliques, mes écolières commencent à connaître, sans un grand travail, une contradiction dans un principe spécieusement étalé ; et par cette contradiction, mettent en poudre les conséquences ; elles m'écrivent leurs jugements sur ce qu'elles lisent, me disputent une vérité jusqu'à ce que je la leur aie prouvée, et ne le rendent qu'à l'évidence. Celles que j'ai commencées, déjà formées, font des progrès très lents dans cette science ; mais j'en ai quelques-unes depuis leur première enfance, et celles-là sont frappées d'une contradiction, comme l'oreille d'un bon musicien est frappée d'une dissonance ; d'où vient cela ? Des soins que j'ai pris de leur former un esprit géométrique ; et ce que j'ai fait, tout le monde peut le faire. Dès trois ans, il faut nourrir l'esprit des enfants du vrai, le leur faire digérer, travailler, non à vous soumettre leur esprit, à subjuguer leurs lumières pour leur faire adopter les vôtres ; mais à les soumettre à l'empire de la raison. Il faut les convaincre incontestablement de la nécessité de pratiquer ce que vous exigez, et vous les verrez se livrer de bon coeur à tout ce que la raison, et non votre caprice, leur ordonne. Nous avons pour cela deux moyens, la religion et la raison ; il ne faut jamais séparer ces deux choses, et je me flatte de les avoir unies dans le magasin des enfants : car sans cela, je crois avoir manqué mon but. En faisant réciter aux enfants l'histoire de la Sainte Écriture, j'ai eu soin de donner à leur raison des preuves à leur portée de la divinité de cette Écriture. J'ai tâché ensuite de leur faire trouver dans cette Écriture des motifs capables d'exciter leur obéissance. Un Dieu bienfaiteur, ami de la vertu, vengeur du crime, tout-puissant pour récompenser l'une, et punir l'autre : voilà ce que leurs réflexions et celles de la Gouvernante mettent à tout moment sous leurs yeux. Je n'ai rien oublié pour leur montrer la conformité des maximes de ce Livre Divin avec leurs lumières naturelles, et j'ai fini par les convaincre, qu'indépendamment d'une autre vie, d'un bonheur, ou d'un châtiment futur, leur bien-être en cette vie dépend de leur docilité à suivre ces maximes. En changeant de discours, je n'ai point changé d'objet. Mes contes tendent au même but, tout y ramène les enfants, et j'ai lieu d'espérer qu'à force de répéter les mêmes vérités, sous des formes diverses, elles s'inculqueront chez eux d'une manière ineffaçable. Si je réussis, je n'ai plus rien à désirer pour l'éducation ; un enfant religieux par raison, est capable de tout : les vices, les penchants corrompus ne m'effraient plus, je dis en paraphrasant les paroles du Roi Prophète : *En me donnant un esprit clairvoyant , vous leur avez donné le mords et la bride pour les empêcher de mordre et de ruer contre moi.*

Il me reste à répondre à quelques objections qu'on me fera sans doute. Pourquoi avez-vous retranché quelques histoires de la Sainte Écriture ? À cela je réponds : j'en ai retranché quelques-unes par respect pour l'innocence des enfants ; je n'avais garde de chercher à exciter leur curiosité, sur une matière où je regarde l'ignorance comme une béatitude et la forteresse de l'innocence. Je sais qu'ils sont à portée de les lire tous les jours dans la Bible, et je ne voudrais pas même les leur faire passer, crainte de faire naître chez eux cette curiosité que je crains ; mais je m'efforcerais de la mettre en défaut par une explication naturelle, qui leur donnerait le change, sans faire naître leurs soupçons. Ce n'est point ici un ouvrage dogmatique, dans lequel il n'est pas permis d'omettre un seul mot. C'est à titre d'amusement que je présente cette histoire aux enfants. Il ne faut pas qu'ils soupçonnent que je veux les instruire : ce motif m'a autorisée à retrancher tout ce qui pourrait les ennuyer. N'ai-je pas le même privilège pour les choses que je regarde dangeureuses pour les moeurs ? Quelles réflexions mes écolières eussent-elles faites, sur cet endroit de l'histoire Sainte, où *Jacob*, sans respect pour la vérité, trompe son père, sous l'habit et le nom d'*Esaü* ? Elles en auraient conclu, qu'un honnête homme peut mentir en quelques occasions, et qu'on exagère à leur égard l'horreur du mensonge, pour leur en donner de l'éloignement. Je ne cite que cet exemple. Il en est plusieurs autres que je ne puis me permettre de citer, par la raison qui m'a engagé à les mettre ; c'est qu'il est dangereux d'exciter trop la curiosité.

D'autres trouveront que j'ai eu tort de parler aux enfants de choses qu'ils supposeront au dessus de leur portée : de choses qu'ils prétendent que les femmes mêmes doivent toujours ignorer. Qu'ont-elles besoin, me diront-ils, de connaître la différence de leurs âmes, d'avec celles des animaux ? Elles croient cette vérité et mille autres sur la foi d'autrui ; elles ne sont pas faites pour en savoir d'avantage. On dirait que vous prétendez en faire des Logiciennes, des Philosophes ; et vous en feriez volontiers des automates, leur répondrai-je. Oui, Messieurs les tirans, j'ai dessein de les tirer de cette ignorance crasse, à laquelle vous les avez condamnées. Certainement j'ai dessein d'en faire des Logiciennes, des Géomètres, et même des Philosophes. Je veux leur apprendre à penser, à penser juste, pour parvenir à bien vivre. Si je n'avais pas l'espoir de parvenir à cette fin, je renoncerais dès ce moment à écrire, à enseigner. Il est assez de personnes capables de faire entrer dans la mémoire des enfants quelques milliers de mots qu'ils ignorent : les règles du langage, et plusieurs autres connaissances à peu près aussi importantes : je ne regarde l'étude de la langue française, par rapport à mes écolières, que comme un moyen qui m'est offert par la Providence, pour former leur esprit et leur coeur. Ces deux parties sont les objets de mon travail, ce qui ne m'empêchera pas de donner tous mes soins à la grande affaire pour laquelle on me paie ; c'est-à-dire, à l'étude de la langue française. Je me flatte même que mes écolières y feront de rapides progrès, ainsi que dans les autres études auxquelles on les assujettis. Je travaille pour le maître de danse, de musique, etc. Les autres enfants apprennent ces choses avec dégoût, parce qu'on les y oblige. Je prétends que mes élèves s'y appliquent par principes, parce qu'elles seront convaincues qu'il n'y a de vrai bonheur qu'à bien remplir son devoir ; que le devoir le plus sacré des personnes de leur âge, est l'obéissance à leurs parents et à leurs maîtres ; qu'en leur obéissant, elles obéissent à Dieu, dont ils tiennent la place : plus d'actions indifférentes pour des enfants à qui l'on aura le bonheur d'inculquer ce principe, plus d'exercices négligés. Les mêmes motifs qui auront produit leur aplication, leur docilité dans l'enfance, les affectionneront à leurs devoirs dans un âge plus avancé. La Philosophie sacrifiera le dégoût que produisent chez elle les détails domestiques, au devoir qui lui fait une loi de s'en charger. Parfaitement convaincue que son bonheur et sa gloire en cette vie et en l'autre, consistent à remplir les obligations de son état, elle étudiera sans cesse, et les remplira avec la même exactitude, soit qu'elles soient conformes, ou non, à ses propres penchants et inclinations ; et cette heureuse facilité à pratiquer tout ce qu'elle doit, elle la tirera de l'heureuse habitude de réfléchir.

Voilà quels sont les fruits précieux de la méthode que je veux suivre, et que je propose pour l'éducation : j'espère que chez une nation aussi éclairée que l'anglaise, le peu que je viens de dire, suffit pour répondre à l'objection qu'on m'a faite, et pour convaincre les parents de la nécessité de changer la méthode qu'on a suivie jusqu'à ce jour dans l'éducation. Ce premier volume du Magasin des enfants, indique mes vues ; mais ce n'est qu'une ébauche de ce que je donnerai par la suite, si cette première partie est goûtée, et qu'on m'encourage assez pour continuer. Je l'ai dit dans mes propositions, les frais de l'impression à Londres sont très considérables, et le nombre des lecteurs très borné, lorsqu'il est question d'un livre français. Il est donc impossible de donner rien au public, à moins qu'un certain nombre de souscrivants, n'assurent à l'auteur le remboursement de ses frais. Si la Cour de Russie ne m'avait encouragée, ce petit ouvrage prêt à mettre sous la presse depuis un an, n'aurait peut-être jamais été imprimé. Si les parents daignent lire ce premier volume ; s'ils le croient assez utile aux enfants pour en souhaiter la continuation, ils doivent solliciter leurs amis pour remplir un pareil nombre de souscrivants pour l'année prochaine, sans quoi je serai réduite à tout abandonner : d'autant plus que je n'ai pas, à beaucoup près ici, la ressource que je trouverais dans un autre pays : je m'explique.

Trois motifs peuvent encourager un auteur, le désir de se rendre utile au public par ses ouvrages ; l'espoir du gain s'il est pauvre ; l'espoir d'acquérir l'estime des honnêtes gens, et de s'attirer leurs égards. J'ose que le premier de ces motifs me suffirait, si la fortune m'avait été plus favorable ; mais n'ayant d'autre ressource que mon travail, je suis bien éloignée de pouvoir avancer les frais de l'impression : je l'ai fait pour les «Magazins François» et j'ai été cinq ans entiers sans être remboursée de mes avances ; il ne me reste donc que les deux autres motifs. Il ne tiendrait qu'à moi de me parer ici d'un désintéressement absolu ; mais je suis sincère ; la Providence m'a donné quelques talents pour me dédommager des richesses qu'elle m'a refusées. Je ne dois point rougir de chercher à en tirer parti, et je ne crois pas me dégrader en le faisant, plus que le Négociant qui cherche à faire valoir les fonds dans le commerce. On traiterait d'insensé celui qui s'exposerait aux dangers, aux fatigues de cette profession, si, se piquant d'une générosité mal entendue, il publiait qu'il n'a jamais eu dessein, ou de s'enrichir, ou de subsister. Je serais dans le même cas, si je voulais persuader au public que je n'ai que le premier et le troisième motif : ceux-là véritablement sont plus puissants sur mon esprit que l'autre ; et plus ambitieuse qu'intéressée, je sacrifierai toujours l'intérêt à la gloire ; mais qu'on me permette de dire ici que je courrais un grand risque d'être la dupe de mon sacrifice. Mes talents ne sont pas de ceux qui conduisent nécessairement aux marques extérieures de la considération en Angleterre. S'il ne s'agissait ici que des intérêts de mon amour-propre, je n'apuierais pas sur cet article ; mais il est question de détruire un préjugé pernicieux à l'éducation, et je le combattrai toutes les fois que je trouverai l'occasion de le faire ; après avoir répété vingt fois ce que je vais dire, peut-être, sans que les parents l'aient lu une, il arrivera par hazard qu'ils me liront la vingt et unième fois. La Nature a distingué avantageusement les Anglais des autres peuples du monde. Ils pensent beaucoup, et ordinairement ils pensent juste. Que ne pourrait-on pas attendre d'une qualité si estimable, s'ils agissaient en conséquence de leurs pensées, de leurs sentiments ; mais non, victimes des préjugés, ils s'y soumettent en dépit de leurs lumières ; et dans les choses de la plus grande conséquence, comme dans les petites, ils suivent le chemin battu, sans pouvoir se donner à eux-mêmes une bonne raison de l'inconformité de leurs actions avec leur lumière. Je pourrais en citer mille exemples : j'en choisirai un seul avant de parler de celui dont il est question ici.

Qu'est-ce que vos assemblées, ai-je demandé à vingt Dames différentes, voici leur réponse uniforme. Un amas confus de personnes, souvent trop grand, pour être contenu dans les maisons où elles se rassemblent, quelque vastes qu'elles soient. On regarde comme une bonne fortune, de pouvoir trouver une chaise : mais le plus grand nombre, obligé de rester debout, est poussé et repoussé sans cesse. Il est vrai qu'on peut être un peu plus à l'aise en jouant : aussi plusieurs personnes qui n'ont point de goût pour le jeu, prennent des cartes, afin de pouvoir être assises. Beaucoup de bruit, peu ou point de conversation, une chaleur étouffante, une fatigue réelle lorsqu'il faut percer la foule pour parvenir à un autre bout de l'apartement. Et vous amusez-vous beaucoup de cette cohue, ai-je encore demandé ? Non, je vous assure, m'ont-elles répondu. Je souffre beaucoup dans ces sortes de lieux ; mais c'est l'usage, et je ne suis pas faite pour le réformer. J'ai beaucoup entendu parler de certaines sociétés où l'on assortit une douzaine de personnes faites l'une pour l'autre. Je souhaite qu'elle devienne à la mode, mais jusqu'à ce qu'elles le soient, je ferai comme les autres, j'irai avec réugnance, je perdrai avec désagrément, avec dépit même, au moins avec remords. Je sens que cela est ridicule, que cela devient criminel à un certain point : n'importe, le préjugé, l'habitude le demande : je lui obérai. Ce raisonnement révolte sans doute. Une jeune Dame de 15 ans me disait il y a quelques jours : une dame a fait hier les complaintes les plus répétées, sur une perte assez considérable qu'elle avait faite au jeu qu'elle n'aime point. Je pensais en moi-même, disait mon écolière ; et qui vous forçait de jouer ? J'en dis autant de cette demoiselle : qui vous force à aller à cette assemblée qui vous déplait ? qui vous empêche de suivre les goûts que la raison vous inspire ? le préjugé.

Je pourrais faire un volume sur cette matière, et prouver démonstrativement que la plupart des défauts des Anglais ne tiennent point à leur nature, et choquent leur raison autant que la mienne ; mais je me suis bornée à parler de celui qui met obstacle à la bonne éducation : j'y reviens.

À quoi doit-on attribuer le progrès du commerce en Angleterre ? À la destruction du préjugé qui fait regarder le commerce comme une profession indigne de la noblesse. Un négociant fidèle et laborieux peut prétendre à tout ici. Le Duc, le Comte, ne rougissent point de s'allier avec lui, de le traiter avec distinction, de lui montrer des égards. Les motifs les plus puissants sur l'esprit de l'homme se réunissent donc pour faire fleurir le commerce, l'intérêt et l'amour-propre. Il conduit à la fortune et à la considération. L'Anglais fait plus ; l'agriculture conduit au même but, lorsqu'on se distingue en la faisant fleurir. Un fermier, qui a su s'enrichir par son industrie laborieuse, a rang parmi les gentilshommes. Le Lord l'admet à sa table, à son amité, à ses plaisirs. Si j'étais distributrice des marques d'honneur, je ne balancerais pas à accorder une statue au premier homme qui a eu le courage de s'élever au dessus du préjugé ridicule, qui fait mépriser le commercer et l'agriculture : cet homme a plus fait pour son pays, que s'il eut gagné dix batailles. Il y a fait fondre des sources abondantes de richesses réelles.

L'avancement de tous les arts utiles dépend donc des Grands. Une profession sera donc plus ou moins suivie, cultivée, perfectionnée, selon qu'elle procurera la fortune et la considération. Mais remarquez que chez les âmes nobles ce second intérêt l'emporte de beaucoup sur l'autre. En vain prodigueriez-vous les récompenses à ceux qui pensent bien ; si vous leur refusez les égards, ils vous diraient volontiers ; payez-moi la moitié moins, et marquez-moi la moitié plus de considération. Si cela convient en général à tous les arts libéraux, on peut surtout le dire par rapport à celui qui dirige l'éducation. Une personne capable de la donner, a l'âme délicate. Pleine de respect pour le grand emploi auquel elle s'est consacrée, elle s'attend au juste tribut d'estime, que méritent les efforts qu'elle fait pour le remplir dignement. Si vous manquez à ce juste devoir, fût-elle accablée de vos bienfaits, elle gémira sous le poids de vos mépris apparents, et sacrifiera l'abondance humiliante que les premiers lui procurent. Je dis vos mépris apparents : je sais que chez la plupart, ces sentiments ne règlent pas la conduite. Je ne puis me persuader qu'une mère fut assez insensée, pour confier ses enfants à une personne pour laquelle elle n'aurait pas une estime fort particulière : ce serait le comble de l'extravagance, et je ne soupçonne pas les Anglais de cet excès. Je suppose donc qu'ils estiment beaucoup les personnes qu'ils choisissent pour les mettre auprès de leurs enfants, en qualité de gouverneurs ou de maîtres ; mais je le suppose sans autres preuves que celles que je tire de la supériorité de leur raison ; leur conduite me montre le contraire, et pour les justifier, j'ai besoin de recourir au préjugé. Mais tout le monde ne les jugent-ils aussi avantageusement que moi ? non, sans doute : en général on ne suppose rien, on croit ce que l'on voit, et la persuasion qui naît de leur conduite, empêche un grand nombre de personnes de cultiver les talents qu'elles ont pour l'éducation ; elles craignent le mépris attaché à cette profession, s'il faut en croire les apparences. Et voilà une de ces contrariétés dont je me plaignais tout-à-l'heure, dont les suites sont terribles par rapport aux enfants.

Je suppose dans une jeune personne, un égal talent pour la musique et pour l'éducation. Indécise auquel de ces arts elle donnera sa préférence, elle examine lequel de ces deux lequel lui procurera le plus d'avantages. Elle voit d'un côté l'humble gouvernante reléguée à la seconde table, condamnée à manger avec le valet de chambre de Mylord, qui était laquais il y a quatre jours, pendant que l'actrice brillante et aplaudie est admise à la table des maîtres, et qu'on regarde comme une bonne fortune l'avantage de l'avoir. Que voulez-vous que pense cette jeune personne ? Elle n'aura garde d'imaginer comme moi, que, malgré les apparences, la maîtresse de maison estime la gouvernante plus que la chanteuse à laquelle certainement elle ne confierait pas sa fille. Elle croira tout uniment ce que les apparences lui montreront, et conséquemment se déterminera pour la musique. Ce que j'ai supposé, combien de fois est-il arrivé ? combien de fois arrivera-t-il encore ? Pères et mères réformez votre conduite, ou résolvez-vous à n'avoir que des gens sans sentiments, pour élever vos enfants. La plus affreuse indigence vous procurera par hasard quelques personnes dignes de cet emploi ; mais soyez sûrs que le point de vue le plus intéressant pour elle, en entrant dans vos maisons, sera celui d'être en état d'en sortir bien vite, pour s'arracher au mépris dont elles sont accablées.

J'ai donc eu raison de dire que le seul motif de la gloire n'était pas suffisant, pour soutenir en Angleterre le courage d'un maître, ou d'un auteur qui travaille pour les enfants ; celui qui se bornerait à ne recueillir, pour prix de ses sueurs, que les égards, serait en danger d'être dupe. Il est donc nécessaire qu'un auteur, ou un maître, soit encouragé d'une autre manière ; et puisque l'expérience apprend que les talents les plus utiles attirent peu de considération, il faut au moins qu'ils procurent quelque profit.

Quelques efforts que j'aie faits pour rendre cet ouvrage intelligible aux enfants, il s'en trouvera sans doute, dont l'esprit trop borné aura peine à le comprendre. Je conjure ici les personnes chargées du soin de l'éducation, de suppléer à ce qui manque à mon travail ; qu'elles refondent ce qu'elles trouveront osbcur, qu'elles le traduisent, l'abrégent et le tournent de tant de côtés, qu'il s'en trouve un qui soit à la portée de leurs élèves. Que les difficultés ne les arrêtent point : une expérience de trente ans m'autorise à leur répondre du succès. Je puis les assurer avec vérité, que, depuis ce grand nombre d'années, je n'ai pas trouvé un seul enfant incurable, soit du côté du génie, soit du côté des moeurs ; cependant j'ai employé vingt de ces années aux écoles gratuites : c'est-à-dire, que j'ai vécu parmi les enfants des pauvres, dont l'éducation grossière m'offrait moins de ressources. Que ne doit-on pas espérer de ceux qui ont, outre les secours des maîtres, les bons exemples d'une famille noble ou aisée, dans laquelle on doit trouver, par succession, des sentiments plus relevés ! Que ne doit-on pas espérer surtout dans ce pays ! Je puis dire avec vérité, que les Anglais naissent vertueux. Depuis dix ans que j'enseigne à Londres, je trouve les dispositions les plus heureuses. Il est peu d'hommes ici, même parmi les plus méchants, qui n'aient reçu de la Nature un fond qu'il ne s'agissait que de cultiver, pour le rendre bon. En un mot, dans les autres contrées, l'éducation corrige la Nature ; dans celle-ci, l'éducation la gâte : et pour la rendre bonne, il s'agit moins de changer les dispositions des enfants, que de les conserver telles qu'on les trouve.

Noms d'origine, et âges, par ordre d'apparition
(correspondances dans l'adaptation de Mme Foa).

Mademoiselle Bonne, Gouvernante de Lady Sensée (Julia)

Lady Sensée, 12 ans (Julia)

Lady Spirituelle, 12 ans (Eugénie)

Lady Mary, 5 ans (Augustine)

Lady Charlotte, 7 ans (Charlotte)

Lady Molly, 7 ans (Sidonie)

Lady Babiole, 10 ans (Suzanne)

Lady Tempête, 13 ans (Léonie, 12 ans)

Adam et Eve sortis du paradis

DIALOGUE I.

SUZANNE, EUGENIE, JULIA.

SUZANNE, entrant chez Julia.

Bonjour, ma bonne amie ; je suis charmée de pouvoir passer l'après-dînée avec vous : on m'a dit que l'on vous avait donné la plus jolie poupée du monde : nous allons nous amuser !

JULIA.

Volontiers, ma chère ; je suis bien aise d'avoir quelque chose qui vous plaise : mais on frappe, c'est sans doute Eugénie ; elle m'a fait dire qu'elle viendrait ce soir.

EUGÉNIE.

Bonjour, mesdemoiselles, je... Mais, que vois-je ? Julia jouer avec une poupée ! ah !... (elle rit) fi donc ! ma chère ; je vous croyais raisonnable ; vous avez douze ans, et vous jouez encore !

SUZANNE.

Mais, chère amie, est-ce qu'il y a du mal à jouer quand on a douze ans ? Il me semble que je vous ai vu plusieurs poupées, il n'y a pas longtemps.

EUGÉNIE.

Depuis plus de six mois j'ai jeté toutes ces choses dans le feu ; j'ai prié mon père de me donner l'argent qu'il employait à ces bagatelles, pour acheter des livres et payer des maîtres d'agrément.

SUZANNE.

Je ne suis point de votre goût. Si j'étais la maîtresse, au lieu de donner deux louis par mois à mon maître de géographie, j'achèterais les plus jolies choses du monde ; cela m'amuserait, et puis je n'aime pas à lire ; aussi quand je serai grande, et que je pourrai faire ce que je voudrai, je vous assure que je ne lirai jamais.

EUGÉNIE.

Vous serez donc une ignorante toute votre vie, et vous ne deviendrez jamais aimable. Écoutez, je vais vous dire ce qui m'a dégoûtée des poupées. Pendant que nous étions à la campagne cet été, il venait plusieurs dames chez nous. Il y en avait deux qui étaient laides ; mais si laides, qu'elles faisaient peur. Mon père disait cependant qu'elles étaient aimables ; cela me surprenait, car je croyais qu'il fallait être belle pour paraître aimable : mais je fus bien étonnée ; vous connaissez madame Vernon, qui est si belle ; mon père ne pouvait la souffrir ; il disait que c'était une statue, un automate, qu'elle n'avait pas d'âme : je ne savais ce que cela signifiait. Un jour, ces deux dames qui sont si laides, étaient avec moi ; je leur ai demandé quelle différence il y avait entre elles et madame Vernon. Vraiment, ma chère, m'ont-elles répondu, vous devez le voir, elle est belle, et nous sommes laides. Oh ! c'est que mon père, ai-je dit, affirme que vous êtes aimables, et qu'elle ne l'est pas ; qu'elle est une belle statue, un automate. Je croyais qu'une statue était de pierre ou de bois ; d'ailleurs, je pensais qu'on ne pouvait pas vivre sans âme, cependant il dit que madame Vernon n'en a point. Ces deux dames ont ri ; et après cela, elles m'ont dit qu'une femme était aimable quand elle avait de l'esprit, et qu'on appelait les sottes, des statues ou des automates, parce qu'un automate était une machine qui marchait, jouait de la flûte, et faisait plusieurs autres choses, quoiqu'il ne fût qu'une statue, fabriquée d'un morceau de bois, n'ayant point d'âme, et ne pensant pas, enfin que ces sottes parlaient, marchaient et faisaient tout sans penser, comme l'automate. Ah ! mesdames, leur ai-je dit, enseignez-moi comment il faut faire pour apprendre à penser, je serais bien fâchée d'être un automate. Où avez-vous pris cet esprit, qui vous rend aimables ? Nous l'avons pris dans les livres, m'ont-elles répondu, en nous appliquant à nos leçons, quand nous étions jeunes. Depuis ce temps, j'ai tout quitté pour travailler à acquérir de l'esprit, et j'en ai déjà beaucoup, car tout le monde le dit ; mais j'en veux avoir encore davantage et, pour cela, je lis toute la journée.

SUZANNE.

Je vous prie, dites-moi, ma chère, à quoi cela est-il bon d'avoir tant d'esprit ?

EUGÉNIE.

A mille choses. L'année passée je m'ennuyais au milieu des amis de mon père ; on me traitait comme une petite fille : à présent tout le monde me parle, et je parle, aussi ; on dit à tout moment que j'ai de l'esprit comme un ange. L'autre jour j'allai chez le comte*** qui possède beaucoup de tableaux ; il y avait plusieurs dames qui demandaient ce qu'ils signifiaient ; je me mis à rire ; et le comte, qui sait que j'ai lu le livre des *Métamorphoses*, me demanda si je connaissais les sujets de ces tableaux ; je les expliquai tous ; on m'admira, et c'est un grand plaisir d'être louée, admirée. Et puis j'ai le plaisir de me moquer des ignorantes, et de rire des bêtises qu'elles disent à tout moment : cela m'amuse bien plus qu'une poupée.

SUZANNE.

Hé bien ! j'aime mieux être ignorante que méchante. Si l'esprit ne sert qu'à se moquer des autres, je ne me soucie pas d'en avoir. Qu'en pensez-vous, Julia ? On dit que vous étudiez beaucoup ; est-ce aussi pour vous moquer de celles qui, comme moi, n'ont point d'esprit ?

JULIA.

Non, ma chère ; j'étudie parce que cela m'amuse et m'instruit, et j'espère que cela me rendra bonne quand je serai grande.

EUGÉNIE.

Puisque l'étude vous divertit, pourquoi gardez-vous encore des poupées ?

JULIA.

Pour amuser mes bonnes amies ; je suis si contente quand je puis leur faire plaisir !

SUZANNE.

Je vous suis bien obligée, ma chère ; gardez votre poupée pour moi, et quand je n'aimerai plus à jouer, je viendrai étudier avec vous pour apprendre à être bonne, car vous l'êtes beaucoup.

JULIA.

Si vous voulez, mesdemoiselles, nous passerons dans la chambre de mademoiselle Bonne, ma gouvernante : elle nous montrera un nouveau point de tapisserie.

Adam au travail

DIALOGUE II.

EUGÉNIE, JULIA.

EUGÉNIE.

Je suis bien fâchée, ma bonne amie, et je viens vous conter le sujet de mon chagrin.

JULIA.

Qu'avez-vous, ma chère ? On dirait que vous avez pleuré.

EUGÉNIE.

J'ai pleuré toute la matinée, et j'en ai encore grande envie. Je vous disais, l'autre jour, que je lisais beaucoup pour avoir de l'esprit et me faire louer : eh bien ! je ne veux plus lire ; je veux jeter mes livres et mes cartes de géographie dans le feu.

JULIA.

Donnez-les moi plutôt, ma chère ; mais dites-moi donc, pourquoi ne les aimez-vous plus?

EUGÉNIE.

Ce matin M. de B*** et son frère sont venus déjeuner chez nous. Ils étaient dans la salle, en attendant mon père qui lisait des lettres. Aussitôt que j'ai su que

23

M. de B*** était en bas, je me suis empressée de descendre, parce qu'il me dit toujours que je suis aimable, spirituelle, savante, et mille autres jolies choses. Quand je me suis trouvée près de la porte, j'ai entendu qu'il parlait de moi. Ah ! je ne puis m'empêcher de pleurer encore, quand je pense à ce qu'il disait : « C'est un mauvais esprit, une petite personne qui sera la peste de la société. » Prétendre que je serai la peste ! c'est la plus vilaine chose du monde. Il disait encore que j'ai de l'orgueil comme un démon ; que je suis railleuse, moqueuse ; qu'il vaudrait mieux que je fusse bien ignorante que de continuer à m'instruire, parce que cela achèverait de me gâter, en augmentant ma vanité. Ensuite il a parlé de vous. Elle est bien aimable, a-t-il ajouté ; elle parle peu, mais tout ce qu'elle dit est à propos : je donnerais toutes choses au monde pour avoir une enfant de son caractère. Alors je me suis sauvée dans ma chambre pour pleurer. On m'a appelée pour déjeuner, mais j'ai dit que j'avais la migraine, afin de ne pas voir ce vilain homme, qui parle d'une façon et qui pense de l'autre. Après dîner, j'ai demandé à ma mère la permission de venir vous voir, parce que je veux vous demander comment vous faites, pour avoir de l'esprit sans être une peste, une orgueilleuse.

JULIA.

En vérité, ma chère, je ne sais que vous dire ; je crois pourtant, si je suis bonne, que j'en ai l'obligation à ma gouvernante. Elle me répète toujours qu'il y a deux sortes d'esprit : l'un qui ne sert qu'à nous faire haïr et mépriser de tout le monde, l'autre qui rend aimable, douce, vertueuse, et quand j'ai le mauvais esprit, elle me corrige.

EUGÉNIE.

Apparemment que j'ai le mauvais esprit.

JULIA.

Je vous dirai ce que je pense ; vous n'avez pas le bon esprit mais ce n'est pas votre faute ; personne ne vous a jamais appris qu'il y en avait deux, et je suis sûre que vous vous corrigerez, quand on vous aura dit comment il faut faire pour cela.

EUGÉNIE.

Vous êtes bien bonne de m'excuser ; je suis décidée à me corriger, mais j'ai peur de ne pouvoir y réussir. Si vous vouliez prier votre gouvernante de m'apprendre comment je dois faire, je vous aurais bien de l'obligation.

JULIA.

Je suis certaine qu'elle le fera avec beaucoup de plaisir. Elle a déjà engagé quelques-unes de mes amies à venir passer l'après-dînée avec moi, trois fois par semaine, pour nous instruire en nous amusant. Je lui dirai que vous souhaitez être de cette partie. Ne pensez-vous pas ainsi ?

EUGÉNIE.

De tout mon cœur ; vous n'aurez qu'à m'avertir quand vous voudrez commencer, je viendrai des premières.

Abel et Caïn

DIALOGUE III.

PREMIÈRE JOURNÉE.

Mlle BONNE, JULIA, EUGÉNIE, AUGUSTINE, CHARLOTTE, SIDONIE.

AUGUSTINE.

Bonjour, mademoiselle Bonne ; Julia m'a dit que vous saviez les plus jolis contes du monde, et je viens vous prier de m'en dire un.

MADEMOISELLE BONNE.

Oui, ma chère, je sais de jolis contes, de belles histoires, et je vous en raconterai tant que vous voudrez.

AUGUSTINE.

Quelle différence y a-t-il entre un conte et une histoire?

MADEMOISELLE BONNE.

Une histoire est une chose vraie, et un conte est une chose fausse qu'on écrit, qu'on raconte, pour amuser.

AUGUSTINE.

Mais ceux qui font des contes sont donc des menteurs, puisqu'ils disent des choses fausses.

MADEMOISELLE BONNE.

Non, ma chère ; mentir, c'est chercher à tromper. Or, comme ils avertissent que ce sont des contes, ils ne veulent tromper personne.

AUGUSTINE.

Je vous prie, dites-moi un conte et une histoire, afin que je juge quel sera le plus joli des deux.

MADEMOISELLE BONNE.

Volontiers ; je vous donnerai une belle histoire à lire, vous l'apprendrez par cœur, et je vais vous raconter un joli conte ; écoutez, mes chers enfants.

LE PRINCE CHÉRI

CONTE.

Il y avait une fois un roi qui était si honnête homme, que ses sujets l'appelaient le *Roi Bon*. Un jour qu'il était à la chasse, un petit lapin blanc, que les chiens allaient tuer, se jeta dans ses bras. Le roi caressa ce petit lapin, et dit : « Puisqu'il s'est mis sous ma protection, je ne veux pas qu'on lui fasse du mal. » Il porta ce petit lapin dans son palais, et lui fit donner une jolie maisonnette ainsi que de bonnes herbes à manger. La nuit, quand le roi fut seul dans sa chambre, il vit paraître une belle dame ; elle n'avait point d'habits d'or et d'argent, mais sa robe était blanche comme de la neige, et au lieu de coiffure, elle portait une couronne de roses blanches. Le bon roi fut bien étonné de voir cette dame ; car les portes étaient fermées, et il ne savait pas comment elle était entrée.

Elle lui dit : « Je suis la fée Candide ; je passais dans le bois, lorsque vous chassiez, et j'ai voulu savoir si vous étiez bon comme tout le monde le dit. Pour cela, j'ai pris la figure d'un petit lapin, et je me suis sauvée dans vos bras, car je sais que ceux qui ont de la pitié pour les bêtes en ont encore plus pour les hommes ; et, si vous m'aviez refusé votre secours, j'aurais cru que vous étiez méchant. Je viens vous remercier du bien que vous m'avez fait, et vous assurer que je serai toujours de vos amies. Vous n'avez qu'à me demander tout ce que vous voudrez, je vous promets de vous l'accorder. »

« Madame, répondit le bon roi, puisque vous êtes une fée, vous devez savoir tout ce que je souhaite : je n'ai qu'un fils que j'aime beaucoup, et pour cela on l'a nommé le prince Chéri : si vous avez quelque bonté pour moi, devenez l'amie de mon fils. »

« De bon cœur, poursuivit la fée ; je puis rendre votre fils le plus beau prince du monde, ou le plus riche, ou le plus puissant ; choisissez ce que vous voudrez pour lui. »

« Je ne désire rien de tout cela pour mon fils, répliqua le bon roi, mais je vous serai bien obligé, si vous voulez le rendre le meilleur de tous les princes. Que lui servirait-il d'être beau, riche, d'avoir tous les royaumes du monde, s'il était méchant ? Vous savez bien qu'il serait malheureux, et qu'il n'y a que la vertu qui puisse le rendre content. »

« Vous avez bien raison, lui dit Candide ; mais il n'est pas en mon pouvoir de rendre le prince Chéri honnête homme malgré lui ; il faut qu'il travaille lui-même à devenir vertueux. Tout ce que je puis vous promettre, c'est de lui donner de bons conseils, de le reprendre de ses fautes, et de le punir, s'il ne veut pas se corriger et se punir lui-même. »

Le bon roi fut fort content de cette promesse, et il mourut quelques temps après. Le prince Chéri pleura beaucoup son père, car il l'aimait de tout son cœur, et il aurait donné tous ses royaumes, son or et son argent, pour le sauver. Deux jours après la mort du bon roi, Chéri étant couché, Candide lui apparut : « J'ai promis à votre père, lui dit-elle, d'être de vos amies, et, pour tenir ma parole, je viens vous faire un présent. » En même temps, elle mit au doigt de Chéri une petite bague d'or, et ajouta : « Gardez bien cette bague, elle est plus précieuse que les diamants ; toutes les fois que vous ferez une mauvaise action, elle vous piquera le doigt ; mais si, malgré sa piqûre, vous continuez, vous perdrez mon amitié, et je deviendrai votre ennemie. » Candide disparut, et laissa Chéri bien étonné. Il fut quelque temps si sage, que la bague ne le piquait point du tout ; et cela le rendait si content, qu'on ajouta au nom de *Chéri* qu'il portait celui d'*Heureux*.

Étant un jour allé à la chasse, et n'ayant rien pris, il ressentit de la mauvaise humeur ; il lui sembla alors que sa bague lui pressait un peu le doigt ; mais, comme elle ne le piquait pas, il n'y fit pas beaucoup attention. En rentrant dans sa chambre, sa petite chienne, Bibi, vint à lui en sautant, pour le caresser ; il lui dit : « Retire-toi, je ne suis plus d'humeur à recevoir tes caresses. » La pauvre petite chienne, qui ne l'entendait pas, le tirait par son habit, pour l'obliger au moins à le regarder ; cela impatienta Chéri, qui lui donna un grand coup de pied. Dans le moment, la bague le piqua, comme si c'eût été une épingle ; il fut bien étonné, et s'assit tout honteux dans un coin de sa chambre. Il disait en lui-même : « je crois que la fée se moque de moi; quel grand mal ai-je fait, en donnant un coup de pied à un animal qui m'importune? A quoi me sert d'être maître d'un grand empire, puisque je n'ai pas la liberté de battre mon chien ? »

« Je ne me moque pas de vous, répliqua une voix qui répondait à la pensée de Chéri : vous avez fait trois fautes au lieu d'une : Vous avez été de mauvaise humeur ; vous vous êtes mis en colère, ce qui est fort mal ; et puis vous avez été cruel envers un pauvre animal qui ne méritait pas d'être maltraité. Si c'était une chose raisonnable et permise que les grands pussent maltraiter tous ce qui est au-dessous d'eux, je pourrais en ce moment vous battre, vous tuer, puisqu'une fée est plus qu'un homme. L'avantage d'être maître d'un grand empire ne consiste pas à pouvoir faire le mal qu'on veut, mais tout le bien qu'on peut. » Chéri avoua sa faute, et promit de se corriger, mais il ne tint pas parole.

Il avait été élevé par une sotte nourrice, qui l'avait gâté ; s'il voulait avoir une chose, il n'avait qu'à pleurer, se dépiter, frapper du pied, cette femme lui donnait tout ce qu'il demandait ; et cela l'avait rendu opiniâtre. Elle lui disait aussi, depuis le matin jusqu'au soir, qu'il serait roi un jour, et que les rois étaient fort heureux, parce que tous les hommes devaient leur obéir, les respecter, et qu'on ne pouvait pas les empêcher de faire ce qu'ils voulaient. Quand Chéri avait été grand garçon et raisonnable, il avait bien reconnu que rien n'était si vilain que d'être fier, orgueilleux, opiniâtre. Il avait fait quelques efforts pour se corriger ; mais il avait pris la mauvaise habitude de tous ces défauts ; et une mauvaise habitude est bien difficile à détruire. Ce n'est pas qu'il eût naturellement le cœur méchant. Il pleurait de dépit quand il avait fait une faute, et il disait : « Si on m'avait corrigé quand j'étais jeune, je n'aurais pas tant de peine aujourd'hui. » Sa bague le piquait bien souvent ; quelquefois, il s'arrêtait tout court ; d'autres fois, il continuait ; et ce qu'il y avait de singulier, c'était qu'elle ne piquait qu'un peu pour une légère faute ; mais quand il était méchant, le sang sortait de son doigt. A la fin, cela l'impatienta et, voulant être mauvais tout à son aise, il jeta sa bague. Il se crut le plus heureux de tous les hommes, quand il se vit débarrassé de ses piqûres ; il s'abandonna à toutes les sottises qui lui venaient dans l'esprit, en sorte qu'il devint très méchant, et que personne ne pouvait plus le souffrir.

Un jour que Chéri était à la promenade, il vit une fille qui était si belle, qu'il résolut de l'épouser. Elle se nommait Zélie, et elle était aussi sage que belle. Chéri crut que Zélie se regarderait comme fort heureuse de devenir une grande reine ; mais cette fille lui dit avec beaucoup de liberté : « Sire, je ne suis qu'une bergère, je n'ai point de fortune, mais, malgré cela, je ne vous épouserai jamais. Je vous trouve tel que vous êtes, c'est-à-dire fort beau ; mais que me serviraient votre beauté, vos richesses, les beaux habits, les carrosses magnifiques que vous me donneriez, si les mauvaises actions que je vous verrais faire chaque jour me forçaient à vous mépriser et à vous haïr ? » Chéri se mit fort en colère contre Zélie, et commanda à ses officiers de la conduire de force dans son palais.

Parmi les favoris du prince il y avait son frère de lait, auquel il avait donné toute sa confiance ; cet homme, qui avait les inclinations aussi basses que la naissance, flattait les passions de son maître, et lui donnait de fort mauvais conseils

Comme il vit Chéri fort triste, il lui demanda le sujet de son chagrin : le prince lui ayant répondu qu'il ne pouvait souffrir le mépris de Zélie, et qu'il était résolu de se corriger de ses défauts, puisqu'il fallait être vertueux pour lui plaire, ce méchant homme lui dit : « Vous êtes bien bon de vouloir vous gêner pour une petite fille ; souvenez-vous que vous êtes roi, et qu'il serait honteux de vous soumettre aux volontés d'une bergère qui s'estimera heureuse d'être reçue parmi vos esclaves. Faites-la jeûner, mettez-la au pain et à l'eau ; enfermez-la dans une prison ; et si elle continue à ne vouloir pas vous épouser, faites la mourir dans les tourments, pour apprendre aux autres à céder à vos volontés. Vous serez déshonoré si l'on sait qu'une simple fille vous résiste, et tous vos sujets oublieront qu'ils ne sont au monde que pour vous servir. »

« Mais, demanda Chéri, ne serai-je pas déshonoré si je fais mourir une innocente ? »

« On n'est point innocent quand on refuse d'exécuter vos volontés, reprit le confident ; mais je suppose que vous commettiez une injustice, il vaut bien mieux qu'on vous en accuse que d'apprendre qu'il est quelquefois permis de vous manquer de respect et de vous contredire. »

Le courtisan prenait Chéri par son faible ; et la crainte de voir diminuer son autorité fit tant d'impression sur le roi, qu'il étouffa le bon mouvement qui lui avait donné envie de se corriger.

Il résolut d'aller, le soir même, dans la chambre de la bergère, et de la maltraiter, si elle continuait à refuser de l'épouser. Le frère de lait de Chéri, qui craignait encore quelque bon mouvement, rassembla trois jeunes seigneurs aussi méchants que lui pour se divertir avec le roi : ils soupèrent ensemble, et ils eurent soin d'achever de troubler la raison de ce pauvre prince, en le faisant boire beaucoup. Pendant le souper, ils excitèrent sa colère contre Zélie, et lui firent tant de honte de la faiblesse qu'il avait eu pour elle, qu'il se leva comme un furieux, en jurant qu'il allait la forcer à obéir, ou qu'il la ferait vendre le lendemain comme une esclave.

Chéri étant entré dans la chambre où était cette fille, fut bien surpris de ne pas la trouver, car il avait la clef dans sa poche ; il était dans une colère épouvantable, et jurait de se venger sur tous ceux qu'il soupçonnerait d'avoir aidé Zélie à s'échapper. Ses confidents, l'entendant parler ainsi, résolurent de profiter de sa colère pour perdre un seigneur qui avait été gouverneur de Chéri. Cet honnête homme avait pris quelquefois la liberté d'avertir le roi de ses défauts ; car il l'aimait comme si c'eût été son fils. D'abord Chéri le remercia ; ensuite il s'impatienta d'être contredit, et puis il pensa que c'était par esprit de contradiction que son gouverneur lui trouvait des défauts pendant que tout le monde lui donnait des louanges. Il lui commanda donc de se retirer de la cour ; mais, malgré cet ordre, il disait de temps en temps que c'était un honnête homme ; qu'il ne l'aimait plus, mais qu'il l'estimait malgré lui-même. Les confidents crurent avoir trouvé une occasion pour perdre complètement ce dernier. Ils firent entendre au roi que Suliman (c'était le nom de ce digne homme), s'était vanté de rendre la liberté à Zélie ; trois hommes corrompus par des présents dirent qu'ils avaient ouï tenir ce discours à Suliman ; et le prince transporté de colère, commanda à son frère de lait, d'envoyer des soldats pour lui amener le gouverneur enchaîné comme un criminel. Après avoir donné ces ordres, Chéri se retira dans sa chambre : mais à peine y fut-il entré que la terre trembla, il fit un grand coup de tonnerre, et Candide parut aux yeux du prince. « J'avais promis à votre père, lui dit-elle d'un ton sévère, de vous donner des conseils et de vous punir si vous refusiez de les suivre ; vous les avez méprisés ces conseils ; vous n'avez conservé que la figure d'homme, et vos crimes vous ont changé en un monstre, l'horreur du ciel et de la terre. Il est temps que j'achève de satisfaire à ma promesse, en vous punissant. Je vous condamne à devenir semblable aux bêtes dont vous avez pris les inclinations. Vous vous êtes rendu semblable au lion, par la colère ; au loup, par la gourmandise ; au serpent, en déchirant celui qui avait été votre second père ; au taureau, par votre brutalité. Portez dans votre nouvelle figure la ressemblance de tous ces animaux. »

A peine la fée avait-elle achevé ces paroles, que Chéri se vit avec horreur tel qu'elle l'avait souhaité. Il avait la tête d'un lion, les cornes d'un taureau, les pieds d'un loup, et la queue d'une vipère. En même temps il se trouva dans une grande forêt, sur le bord d'une fontaine, où il vit son horrible figure, et il entendit une voix qui lui dit : « Regarde attentivement où tu t'es réduit par tes crimes. Ton âme est devenue mille fois plus affreuse que ton corps. » Chéri reconnut la voix de Candide, et, dans sa fureur, il se retourna pour s'élancer sur elle et la dévorer, s'il lui eût été possible : mais il ne vit personne, et la même voix ajouta : « Je me moque de ta faiblesse et de ta rage ; je vais confondre ton orgueil, en le mettant sous la puissance de tes propres sujets. » Chéri crut qu'en s'éloignant de cette fontaine il trouverait un remède à ses maux, puisqu'il n'aurait point devant ses yeux sa laideur et sa difformité : il s'avança donc dans les bois ; mais à peine y eut-il fait quelques pas, qu'il tomba dans un trou qu'on avait fait pour prendre les ours ; en même temps des chasseurs qui étaient cachés sur des arbres descendirent, et l'ayant enchaîné, le conduisirent dans la ville capitale de son royaume. Pendant le chemin, au lieu de reconnaître qu'il s'était attiré ce châtiment par sa faute, il maudissait la fée, mordait ses chaînes, et s'abandonnait à la rage. Lorsqu'il approcha de la ville où on le conduisit, il vit de grandes réjouissances, et les chasseurs ayant demandé ce qui était arrivé de nouveau, on leur apprit que le prince Chéri, qui ne se plaisait qu'à tourmenter son peuple, avait été écrasé dans sa chambre par un coup de tonnerre, car on le croyait ainsi. Quatre seigneurs, complices de ses crimes, comptaient en profiter et partager son empire entre eux, mais le peuple, qui savait que c'étaient leurs mauvais conseils qui avaient gâté le roi, avait mis ces seigneurs en pièces, et avait été offrir la couronne au vertueux Suliman, que le méchant Chéri voulait faire mourir. Ce digne seigneur venait d'être couronné, et on célébrait ce jour comme celui de la délivrance du royaume.

Chéri soupirait de rage en entendant cela, mais ce fut bien pis, lorsqu'il arriva dans la grande place qui était devant son palais ; il vit Suliman sur un trône superbe, et tout le peuple qui lui souhaitait une longue vie, pour réparer tous les maux qu'avait faits son prédécesseur. Suliman fit signe de la main pour demander le silence, et il dit au peuple : « J'ai accepté la couronne que vous m'avez offerte, mais c'est pour la conserver au prince Chéri ; il n'est point mort comme vous le croyez, une fée me l'a révélé ; et peut-être qu'un jour vous le reverrez vertueux comme il était dans ses premières années. Hélas ! continua-t-il en versant des larmes, les flatteurs l'avaient séduit ; je connaissais son cœur, il était fait pour la vertu ; et sans les discours empoisonnés de ceux qui l'approchaient, il eût été notre père à tous ; détestez ses vices, mais plaignez-le, et prions tous ensemble afin qu'il nous soit rendu ; pour moi, je m'estimerais trop heureux d'arroser ce trône de mon sang, si je pouvais y voir remonter Chéri avec des dispositions propres à le lui faire occuper dignement. »

Les paroles de Suliman allèrent jusqu'au cœur de Chéri. Il connut alors combien l'attachement et la fidélité de cet homme avaient été sincères, et il se reprocha ses crimes pour la première fois. A peine eut-il écouté ce bon mouvement, qu'il sentit calmer la rage dont il était animé ; et il trouva qu'il n'était pas puni aussi rigoureusement qu'il l'avait mérité. Il cessa donc de se débattre dans sa cage de fer, où il était enchaîné et devint doux comme un mouton. On le conduisit dans une grande maison (ménagerie) où l'on gardait tous les monstres et toutes les bêtes féroces, et on l'attacha avec les autres.

Chéri prit alors la résolution de commencer à réparer ses fautes en se montrant bien obéissant à l'homme qui le gardait. Cet homme était un brutal ; quand il était de mauvaise humeur, il battait le monstre sans rime ni raison. Un jour que le gardien s'était endormi, un tigre, qui avait rompu sa chaîne, se jeta sur lui pour le dévorer : d'abord Chéri sentit un mouvement de joie de voir qu'il allait être délivré de son persécuteur, mais aussitôt il condamna ce mouvement, et souhaita d'être libre. « Je rendrais, dit-il, le bien pour le mal, en sauvant la vie à ce malheureux. » Aussitôt, il vit sa cage de fer ouverte ; il s'élança aux côtés de l'homme qui s'était réveillé, et qui se défendait contre le tigre. Le gardien se crut perdu ; mais sa crainte fut bientôt changée en joie : le monstre bienfaisant se jeta sur le tigre, l'étrangla, et se coucha ensuite aux pieds de celui qu'il venait de sauver. Ce dernier pénétré de reconnaissance , voulut se baisser pour caresser le monstre qui lui avait rendu un si grand service ; mais il entendit une voix qui lui disait : « Une bonne action ne demeure jamais sans récompense » ; et, en même temps, il ne vit plus qu'un joli chien à ses pieds. Chéri, charmé de sa métamorphose, fit mille caresses à son gardien, qui le mit entre ses bras et le porta au roi, auquel il raconta cette merveille. La reine voulut avoir le chien, et l'accabla de caresses ; mais, dans la peur qu'il ne devint plus grand qu'il n'était, elle consulta ses médecins, qui lui dirent qu'il ne fallait le nourrir que de pain, et ne lui en donner qu'une certaine quantité.

Un jour qu'on venait d'apporter à Chéri son petit pain pour déjeuner, il lui prit fantaisie d'aller le manger dans le jardin du palais, et il marcha vers un canal qu'il connaissait, et qui était un peu éloigné ; mais il ne trouva plus ce canal, et aperçut à la place une grande maison dont les dehors brillaient d'or et de pierreries. Il y voyait entrer une grande quantité d'hommes et de femmes magnifiquement habillés ; on chantait, on dansait dans cette maison, on y faisait bonne chère ; mais tous ceux qui en sortaient étaient pâles, maigres, couverts de plaies, et presque tout nus. Quelques-uns tombaient morts en sortant, sans avoir la force de se traîner plus loin ; d'autres s'éloignaient avec beaucoup de peine ; d'autres restaient couchés contre terre, mourant de faim ; ils demandaient un morceau de pain à ceux qui arrivaient dans cette maison, mais ceux-ci ne les regardaient seulement pas. Chéri s'approcha d'une jeune fille qui tâchait d'arracher des herbes pour les manger. Touché de compassion, le prince dit en lui-même : « J'ai bon appétit, mais je ne mourrais pas de faim jusqu'au temps de mon dîner, si je sacrifiais mon déjeuner à cette pauvre créature ; peut-être lui sauverais-je la vie. » Il mit alors dans la main de cette fille le pain qu'elle porta à sa bouche avec avidité. Elle parut bientôt entièrement remise ; et Chéri, ravi de joie de l'avoir secourue si à propos, pensait à retourner au palais, lorsqu'il entendit de grands cris : c'était Zélie entre les mains de quatre hommes qui l'entraînaient vers la belle maison où ils la forcèrent d'entrer. Chéri, faible chien, ne put qu'aboyer contre les ravisseurs de Zélie, et s'efforça de les suivre. On le chassa à coups de pied. Combien il se reprochait les malheurs de cette belle fille ! « Hélas ! disait-il en lui-même, je suis irrité contre ceux qui l'enlèvent, n'ai-je pas commis le même crime ? et, si la justice céleste n'avait prévenu mon attentat, ne l'aurais-je pas traitée avec autant d'indignité ? »

Les réflexions de Chéri furent interrompues par un bruit qui se faisait au-dessus de sa tête. Il vit qu'on ouvrait une fenêtre, et sa joie fut extrême lorsqu'il aperçut Zélie qui jetait par cette fenêtre un plat de viandes si bien apprêtées qu'elles donnaient appétit à voir. On referma la fenêtre aussitôt, et Chéri, qui n'avait pas mangé de toute la journée, crut qu'il pouvait profiter de l'occasion. Il allait donc manger de ces viandes, lorsque la jeune fille à laquelle il avait donné son pain jeta un cri, et prenant le prince métamorphosé dans ses bras : « Pauvre petit animal, lui dit-elle, ne touche point à ces viandes ; cette maison est le palais de la Volupté, tout ce qui en sort est empoisonné. » En même temps Chéri entendit une voix qui disait: « Tu vois qu'une bonne action ne demeure point sans récompense » ; et aussitôt il fut changé en un beau petit pigeon d'une blancheur éblouissante. Il se souvint que cette couleur était celle de Candide, et commença à espérer qu'elle pourrait enfin lui rendre ses bonnes grâces. Il voulut d'abord s'approcher de Zélie, et, s'étant élevé en l'air, il vola tout autour de la maison et vit avec joie qu'il y avait une fenêtre ouverte ; mais il eut beau parcourir toute la demeure il n'y trouva point celle qu'il cherchait, et, désespéré de l'avoir perdue, il résolut de ne point s'arrêter qu'il ne l'eût rencontrée. Il vola pendant plusieurs jours, et étant entré dans un désert, il vit une caverne de laquelle il s'approcha. Quelle fut sa joie ! Zélie y était assise à côté d'un vénérable ermite, et prenait un frugal repas. Chéri, transporté, vola sur l'épaule de cette charmante bergère, et exprima par ses caresses le plaisir qu'il avait de la revoir. Zélie, charmée de la douceur de ce petit animal, le flattait doucement avec la main ; et quoiqu'elle crût qu'il ne pouvait l'entendre, elle lui dit qu'elle l'aimerait toujours. « Qu'avez-vous fait, Zélie ? s'écria l'ermite, vous venez d'engager votre foi. » « Oui, charmante bergère, ajouta Chéri, qui reprit à ce moment sa forme naturelle, la fin de ma métamorphose était attachée au consentement que vous donneriez à notre union. Confirmez mon bonheur, ou je vais conjurer la fée Candide, ma protectrice, de me rendre la figure sous laquelle j'ai eu le bonheur de vous plaire. » « Vous n'avez point à craindre son inconstance, dit alors Candide, qui, laissant la forme de l'ermite sous laquelle elle était cachée, parut à leurs yeux telle qu'elle était en effet. Zélie vous aima aussitôt qu'elle vous vit, mais vos vices la contraignirent à vous cacher le penchant que vous lui aviez inspiré. Vous allez vivre heureux puisque votre union sera fondée maintenant sur la vertu. » Chéri et Zélie s'étaient jetés aux pieds de Candide. Ce prince ne pouvait se lasser de la remercier de ses bontés, et Zélie était enchantée d'apprendre que le prince détestait ses égarements. « Levez-vous, mes enfants, leur dit la fée, je vais vous transporter dans votre palais, pour rendre à Chéri une couronne de laquelle ses vices l'avaient rendu indigne. » A peine eut-elle cessé de parler, qu'ils se trouvèrent dans la chambre de Suliman qui, charmé de revoir son cher maître devenu vertueux, lui abandonna le trône et resta le plus fidèle de ses sujets. Chéri régna longtemps avec Zélie ; on dit qu'il s'appliqua tellement à ses devoirs, que la bague qu'il avait reprise ne le piqua pas une seule fois jusqu'au sang.

AUGUSTINE.

Ah ! mademoiselle Bonne, que ce petit conte est joli ? Dites-moi, si j'apprends bien ma leçon, m'en direz-vous un autre ?

MADEMOISELLE BONNE.

Oui, ma chère ; mais faites-moi connaître ce que vous trouvez de plus joli dans ce conte.

AUGUSTINE.

J'aime beaucoup cette bague précieuse qui empêchait Chéri de faire des sottises.

EUGÉNIE.

J'aurais besoin d'en avoir une pareille, je me sentirais souvent le doigt piqué.

MADEMOISELLE BONNE.

J'aime votre franchise, ma chère ; mais je veux vous apprendre une chose ; nous avons tous une bague comme celle-là.

JULIA.

N'est-ce pas notre conscience qui nous pique quand nous faisons des sottises ?

MADEMOISELLE BONNE.

Tout justement, ma chère.

CHARLOTTE.

Vous verrez que c'est ma bague qui me dit souvent qu'il est vilain de frapper du pied ; je fais tout comme Chéri quand il était petit, et ma nourrice est aussi sotte que la sienne ; car elle dit : « Pourquoi faites-vous pleurer cette enfant ! donnez-lui ce qu'elle demande. » Moi qui sais cela, je pleure trente fois par jour, mais je vous assure que je veux me corriger, de crainte de devenir une vilaine bête comme Chéri.

AUGUSTINE.

Est-ce qu'on devient un monstre et qu'on a des cornes, quand on est méchante ?

MADEMOISELLE BONNE.

Non, ma chère : votre corps restera tout comme il est ; mais ce serait votre âme qui deviendrait laide et plus abominable qu'un monstre.

CHARLOTTE.

J'ai bien envie d'être bonne ; mais souvent je suis méchante malgré moi ; j'ai plutôt fait une sottise que je n'y ai pensé.

MADEMOISELLE BONNE.

Vous n'êtes point méchante malgré vous, ma chère ; car nous pouvons toujours être bonnes, si nous en prenons les moyens ; je vais vous les enseigner : premièrement il faut supplier Dieu, tous les matins et les soirs, dans vos prières, de vous faire la grâce de vous corriger ; secondement, il faut réparer vos fautes, en demandant excuse aux personnes que vous avez offensées, puis écrire, tous les soirs, les mauvaises paroles que vous aurez dites ; et cela vous rendra bien honteuse, j'en suis sûre ; vous penserez alors que le bon Dieu vous a vue faire toutes ces sottises, et que, si vous ne vous corrigez pas, il vous punira lui-même en cette vie, ou après votre mort ; vous savez bien qu'il en sera ainsi, ma chère.

CHARLOTTE.

On me l'a dit, mais je n'y ai jamais fait attention.

MADEMOISELLE BONNE.

Je m'en doutais bien, car on n'est point méchante quand on pense à tout cela. Pour vous en faire souvenir, mes enfants vous devez vous instruire de la sainte Écriture ; c'est un livre divin qui a été dicté par le Saint-Esprit ; vous apprendrez, en lisant cette belle histoire, combien Dieu est grand et puissant ; vous connaîtrez aussi combien il est bon, combien vous devez l'aimer, et combien vous devez craindre de l'offenser, puisqu'il punit sévèrement les méchants.

Caïn tuant Abel

DIALOGUE IV.

Mlle *BONNE, EUGÉNIE, AUGUSTINE, JULIA, CHARLOTTE.*

MADEMOISELLE BONNE.

Bonjour, mesdemoiselles ; mais d'où vient que vous n'avez pas amené mademoiselle Suzanne avec vous ?

EUGÉNIE.

Elle dit qu'elle ne veut point venir, parce que les histoires et les contes l'ennuient.

MADEMOISELLE BONNE.

Vous voyez, ce que c'est que les mauvaises habitudes. Mademoiselle Suzanne s'est accoutumée à jouer toute la journée ; tout ce qui n'est pas jeu l'ennuie, lui déplaît ; et, quoiqu'elle ait de bonnes dispositions, elle restera une ignorante toute sa vie. Ne suivez pas son mauvais exemple. Je suis sûre que mademoiselle Augustine est bien plus sage, et qu'elle a lu sa leçon.

AUGUSTINE.

Je l'ai lue quatre fois, ma Bonne, puis je l'ai racontée à mon père et à ma mère ; voulez-vous que je vous la dise ?

MADEMOISELLE BONNE.

Oui, ma chère.

AUGUSTINE.

Il y a bien longtemps, bien longtemps, il n'existait ni ciel, ni terre, ni hommes, ni animaux. Il n'y avait que Dieu ; car il a toujours été. Le bon Dieu, mesdemoiselles, peut faire tout ce qu'il veut. Hé bien ! tout d'un coup il dit qu'il voulait qu'il y eût le ciel, la terre, des arbres, des oiseaux, des poissons, des fleurs, etc. ; à mesure qu'il disait : je veux cela, tout cela venait. Il mit cinq jours à faire ce que nous voyons, le sixième jour il prit de la terre et en forma un homme ; mais, cet homme ne parlait pas, il ne marchait pas, il était comme une statue. Dieu pour le faire parler et marcher, lui donna une âme faite à son image, puis il appela cet homme Adam. Comme celui-ci se serait ennuyé tout seul, Dieu lui envoya une grande envie de dormir, et pendant qu'Adam dormait, il prit une de ses côtes et il en créa une femme. Cette femme, qui avait été faite avec la côte d'Adam, le bon Dieu la nomma Eve, et il la mit avec Adam dans un beau jardin, où il y avait toutes sortes de fruits, des figues, des prunes, des poires, des pêches, etc. Il y avait aussi dans ce jardin un pommier qui portait de belles pommes. Et Dieu dit à Adam et à Eve : « vous pouvez manger de tous les fruits qui sont dans ce jardin, je vous les donne : mais je vous défends de toucher à ces pommes ; car si vous en mangez, vous mourrez. » Le démon qui est méchant, et qui avait désobéi au bon Dieu, fut jaloux d'Adam et d'Eve, et voulut les rendre méchants et malheureux comme lui : pour cela, il prit la figure d'un serpent et demanda à Eve qui se promenait toute seule : « Pourquoi ne mangez-vous pas de ces pommes? elles sont si belles ! » Eve s'amusa à parler avec le démon, et lui dit : « Dieu nous a défendu de manger de ces pommes, et il nous a avertis qu'il nous ferait mourir si nous y touchions. » « Il ne faut pas croire ce que dit Dieu, répondit le démon : il vous a défendu de toucher à ces pommes, parce qu'il sait que, si vous en mangez, vous serez aussi puissants que lui. » Eve fut assez sotte pour croire le démon. Elle prit une pomme pour elle et elle en donna une à Adam. Quand ils eurent mangé ces malheureux fruits, ils virent bien qu'ils avaient fait une faute ; et, tout honteux, ils se cachèrent. Quelque temps après, Dieu appela Adam, et lui dit: « Pourquoi avez vous été désobéissant? » Adam s'excusa, et répliqua : « Seigneur, la femme que vous m'avez donnée m'a dit de manger de la pomme. » « Seigneur, ajouta Eve, c'est le serpent qui m'a conseillé d'en manger. » « Puisque vous êtes coupables tous les trois, vous serez punis tous les trois », ordonna le bon Dieu. Le serpent sera maudit, et la femme lui écrasera la tête. Eve sera obligée d'obéir à son mari. Pour Adam, il mourra aussi bien que sa femme, et il sera obligé de travailler s'il veut avoir du pain. Après cela, Dieu chassa Adam et Eve du beau jardin qu'on appelait le Paradis terrestre ; et, pour les empêcher d'y rentrer, il mit un ange à la porte avec une épée de feu.

MADEMOISELLE BONNE.

Ma chère Augustine, vous avez récité votre histoire comme une grande fille. Mais dites-nous, je vous prie, mademoiselle Julia, est-ce seulement pour être savantes, que nous apprenons des histoires ?

JULIA.

Vous m'avez enseigné qu'il fallait en outre examiner les sottises et les vertus de ceux dont on apprend les histoires, afin de ne pas commettre les fautes dans lesquelles ils sont tombés et de pratiquer leurs vertus.

MADEMOISELLE BONNE.

C'est fort bien répondre, ma chère. Hé bien ! Sidonie, quel profit voulez-vous tirer de cette histoire !

SIDONIE.

Quand j'aurai fait une faute, je ne m'excuserai pas, mais j'en demanderai pardon.

MADEMOISELLE BONNE.

Et vous, Charlotte ?

CHARLOTTE.

Quand j'aurai envie d'être gourmande ou désobéissante, je penserai que le serpent est à côté de moi, qu'il me donne de mauvais conseils ; et je lui dirai : Méchant, j'aime mieux obéir au bon Dieu qu'à toi.

MADEMOISELLE BONNE.

Et Eugénie que pense-t-elle ?

EUGÉNIE.

Je pense qu'Eve était bien orgueilleuse de vouloir être aussi savante que Dieu. Je pense aussi qu'elle était bien gourmande.

MADEMOISELLE BONNE.

Vous avez parfaitement répondu et si notre conversation n'avait point été si longue, je vous conterais une jolie histoire.

EUGÉNIE.

Ah! mademoiselle Bonne, je suis certaine que ces demoiselles ne s'ennuient point de vous entendre.

TOUTES ENSEMBLE.

Dites-nous cette histoire.

MADEMOISELLE BONNE.

Volontiers.

LE BUCHERON ET SA FEMME.

Un jour, un roi qui était à la chasse se perdit. Comme il cherchait le chemin, il entendit parler, et, s'étant approché de l'endroit d'où sortait la voix, il vit un homme et une femme qui travaillaient à couper du bois. La femme disait, comme Eugénie : « il faut avouer que notre mère était bien gourmande, d'avoir mangé la pomme. Si elle avait obéi à Dieu, nous n'aurions pas la peine de travailler tous les jours. » L'homme lui répondit : « si Eve était une gourmande, Adam était bien sot de faire ce qu'elle lui conseillait. Si j'avais été à sa place, et que vous m'eussiez voulu faire manger de ces pommes, je vous aurais donné un bon soufflet. » Le roi s'approcha, et leur dit : « Vous avez donc bien de la peine, mes pauvres gens? » « Oui, monsieur », répondirent-ils, (car ils ne savaient pas que c'était le roi). « Venez avec moi, ajouta le prince, je vous nourrirai sans travailler. » Dans ce moment, les officiers, qui le cherchaient, arrivèrent ; et les pauvres gens furent bien étonnés et bien joyeux. Quand ils furent dans le palais, le roi leur fit donner de beaux habits, un carrosse, des laquais ; et tous les jours ils avaient douze plats pour leur dîner. Au bout d'un mois, on leur servit vingt-quatre plats ; mais dans le milieu de la table, on en mit un qui était fermé. D'abord la femme, qui était curieuse, voulut ouvrir ce plat ; mais un officier lui dit que le roi leur défendait d'y toucher, et qu'il ne voulait pas qu'ils vissent ce qui était dedans.

Quand les domestiques furent sortis, le mari s'aperçut que sa femme ne mangeait pas, et qu'elle était triste ; il lui demanda ce qu'elle avait, elle lui répondit qu'elle ne se souciait pas de manger de toutes les bonnes choses qui étaient sur la table, mais qu'elle avait envie de ce qui était dans le plat couvert. « Vous êtes folle, répliqua son mari : ne vous a-t-on pas dit que le roi nous le défendait. » « Le roi est un injuste, dit la femme ; s'il ne voulait pas que nous vissions ce qui est dans ce plat, il ne fallait pas le faire servir sur la table. » En même temps, elle se mit à pleurer, et dit qu'elle se tuerait, si son mari ne voulait pas ouvrir le plat. Le bûcheron voyant pleurer sa femme fut bien fâché, et comme il l'aimait beaucoup, il lui dit qu'il ferait tout ce qu'elle voudrait, pour qu'elle ne se chagrinât pas. En même temps, il ouvrit le plat, et il en sortit une petite souris qui se sauva dans la chambre. Ils coururent après elle pour la rattraper, mais elle se cacha dans un trou, et aussitôt le roi entra, qui demanda où était la souris.

« Sire, dit le mari, ma femme m'a tourmenté pourvoir ce qui était dans le plat, je l'ai ouvert malgré moi, et la souris s'est sauvée. » « Ah, ha! fit le roi, vous disiez que, si vous eussiez été à la place d'Adam, vous eussiez donné un soufflet à Eve, pour lui apprendre à être curieuse et gourmande ; il fallait vous souvenir de vos paroles. Et vous, méchante femme, vous aviez toutes sortes de bonnes choses, comme Eve, et cela n'était pas assez ; vous vouliez manger du plat que je vous ai défendu. Allez, malheureux, retournez travailler dans le bois, et ne vous en prenez plus à Adam et à sa femme du mal que vous aurez, puisque vous avez fait une sottise pareille à celle dont vous les accusiez. »

EUGÉNIE.

Vous avez imaginé cette histoire exprès pour moi, j'en suis sûre.

MADEMOISELLE BONNE.

Non, ma chère, je l'ai lue quelque part ; mais il est vrai qu'elle vous convenait à merveille. Mademoiselle Sidonie veut-elle nous dire son histoire?

SIDONIE.

Après qu'Adam et Eve furent sortis du paradis terrestre, ils eurent deux fils. Ils nommèrent l'aîné Caïn, et le plus jeune Abel. Caïn se fit jardinier, et Abel se fit berger. Adam avait coutume d'offrir à Dieu une partie des choses qu'il avait, comme les premiers fruits, les premières fleurs, les premiers animaux. Caïn et Abel suivirent l'exemple de leur père ; mais le premier ne donnait pas de bon cœur ce qu'il offrait à Dieu. S'il y avait une belle poire dans son jardin, il la gardait pour la manger. Abel, au contraire, choisissait les moutons les plus gras et les plus beaux pour les offrir au Seigneur ; aussi Dieu l'aimait-il davantage que son frère Caïn. Celui-ci devint jaloux ; il était tout triste. Un jour le bon Dieu lui dit : « Caïn, pourquoi êtes-vous triste ? ne savez-vous pas que si vous faites le bien, vous en recevrez la récompense, et que si vous faites mal, vous serez puni ? » C'était comme si Dieu lui eût dit : « On ne doit avoir du chagrin que quand on est méchant ; ainsi, au lieu d'être triste, devenez bon, et cela vous rendra content tout aussitôt. » Caïn, au lieu de profiter des avis que Dieu avait la bonté de lui donner, demanda à son frère Abel : « Voulez-vous venir vous promener avec moi? » Abel répondit : « Je le veux bien. » Ils allèrent donc se promener bien loin, et alors le méchant Caïn tua son pauvre frère Abel. Mais Dieu, qui est partout, lui avait vu commettre ce crime ; il demanda à Caïn: « Où est votre frère Abel? » Caïn lui répondit : « Est-ce que vous m'avez donné mon frère à garder? » « Vous êtes un maudit, lui dit Dieu ; vous avez tué votre frère : allez, courez par le monde ; vous n'aurez jamais un moment de repos. Votre crime vous tourmentera jour et nuit ; et pour vous faire souffrir plus longtemps, j'empêcherai les autres enfants d'Adam de vous tuer. » Aussitôt Caïn s'enfuit de ce pays avec sa femme, et il eut un grand nombre d'enfants.

MADEMOISELLE BONNE.

On ne peut pas mieux rapporter une histoire. Mais dites-moi, Charlotte, n'avez vous rien pensé en écoutant cette histoire de Caïn ?

CHARLOTTE.

J'ai pensé quelque chose, mais je n'ose pas le dire ; cela est trop vilain.

MADEMOISELLE BONNE.

Allons, ma chère, une jeune personne qui a le courage d'avouer ses défauts, est toute prête à se corriger.

CHARLOTTE.

Hé bien! j'avouerai que je suis jalouse comme Caïn de ma sœur aînée, parce que mon père et ma mère ont plus d'affection pour elle que pour moi.

MADEMOISELLE BONNE.

Mais, ma chère, n'est-ce pas votre faute, si l'on aime votre sœur plus que vous ? Si vous étiez une mère, et que vous eussiez deux filles, l'une qui serait douce, honnête, obéissante, appliquée, et l'autre, entêtée, méchante, insolente avec tout le monde, désobéissante à ses maîtres, n'aimeriez-vous pas davantage la première ?

Il ne faut donc pas être fâchée contre vos parents, s'ils aiment mieux votre sœur que vous : devenez aussi bonne qu'elle, je suis sûre qu'ils vous aimeront a la folie.

CHARLOTTE.

Je le veux bien, et je vous promets, bonne amie, d'écrire toutes les sottises que je dirai et que je ferai.

MADEMOISELLE BONNE.

Et moi, je vous promets que vous vous corrigerez, que vous deviendrez aussi aimable que votre sœur ainée, et aussi heureuse qu'elle ; car je suis sûre que vous vous trouvez très malheureuse quand vous êtes méchante.

CHARLOTTE.

Cela est bien vrai ; je disais l'autre jour à ma gouvernante : Je voudrais être morte.

MADEMOISELLE BONNE.

Vous me faites frémir, ma chère ; méchante comme vous avez été, que seriez-vous devenue, si vous fussiez morte avant d'avoir demandé pardon à Dieu ? Il est bien bon de vous donner du temps pour vous corriger ; il faut ce soir le remercier de cette grâce et lui dire que vous voulez l'aimer de tout votre cœur. Adieu, mes enfants ; je suis bien contente de votre attention : en récompense, nous aurons bientôt de belles histoires, et un joli conte.

L'arche de Noé

DIALOGUE V.

EUGÉNIE, Mlle BONNE, AUGUSTINE, JULIA, SIDONIE.

EUGÉNIE.

Ma bonne amie, j'ai dîné avec ces demoiselles, et nous ne sommes restées qu'un demi quart d'heure à table.

MADEMOISELLE BONNE.

Je vais donc vous gronder, mes chères enfants ; il n'y a rien de si contraire à la santé que de manger trop vite.

AUGUSTINE.

Veuillez nous pardonner pour cette fois, et je vous jure, sur ma conscience, que je ne savais pas que c'était une faute de manger trop vite.

MADEMOISELLE BONNE.

Et c'est aussi une faute de jurer sur votre conscience ; une autre fois ne le faites pas.

Allons nous asseoir dans le jardin, et je vous dirai le conte que je vous ai promis.

LA BELLE ET LA BÊTE

Il y avait une fois un marchand qui était extrêmement riche ; il avait six enfants, trois garçons et trois filles, auxquels il donna toutes sortes de maîtres. Ses filles étaient très belles ; mais la cadette surtout se faisait admirer, et on ne l'appelait, quand elle était petite, que la *Belle Enfant*, en sorte que le nom lui en resta, ce qui donna beaucoup de jalousie à ses sœurs. Cette cadette, qui était plus belle que ses sœurs, était aussi meilleure qu'elles. Les deux aînées avaient beaucoup d'orgueil, parce qu'elles étaient riches ; elles faisaient les dames et ne voulaient pas recevoir les visites des autres filles de marchands ; il leur fallait des gens de qualité pour leur compagnie, elles allaient tous les jours au bal, à la comédie, à la promenade, et se moquaient de leur cadette, qui employait la grande partie de son temps à lire de bons livres. Comme elles étaient fort riches, plusieurs gros marchands les demandèrent en mariage ; mais les deux aînées répondirent qu'elles ne se marieraient jamais, à moins qu'elles ne trouvassent un duc, ou tout au moins un comte. La Belle, car je vous ai dit que c'était le nom de la plus jeune, la Belle, dis-je, remercia bien honnêtement ceux qui voulaient l'épouser ; mais elle leur dit qu'elle était trop jeune, et quelle souhaitait de tenir encore compagnie à son père. Tout d'un coup, le marchand perdit son bien, et il ne lui resta qu'une petite maison de campagne bien loin de la ville. Il dit en pleurant à ses enfants qu'il fallait aller dans cette maison, et qu'en travaillant comme des paysans, ils y pourraient vivre. La pauvre Belle fut affligée d'abord de perdre sa fortune ; mais elle se dit à elle-même : « Quand je pleurerais beaucoup, les larmes ne me rendront pas mon bien, il faut tâcher d'être heureuse sans fortune. » Lorsqu'ils furent arrivés à leur maison de campagne, le marchand et ses trois fils s'occupèrent à labourer la terre. La Belle se levait à quatre heures du matin, et se dépêchait de nettoyer la maison et d'apprêter à dîner pour la famille. Elle eut d'abord beaucoup de peine ; car elle n'était pas accoutumée à travailler comme une servante ; mais, au bout de deux mois, elle devint plus forte, et la fatigue lui donna une santé parfaite. Ses deux sœurs, au contraire, s'ennuyaient à la mort. Elles se levaient à dix heures du matin ; se promenaient, perdaient leur temps à regretter les beaux habits et les compagnies. Elle se disaient: « Voyez notre cadette, elle a l'âme si basse et si stupide, qu'elle est contente de sa malheureuse situation. » Le bon marchand ne pensait pas de même, il admirait la vertu de cette jeune fille, et surtout sa patience ; car ses sœurs, non contentes de laisser faire à celle-ci l'ouvrage de la maison, l'insultaient à tout moment.

Il y avait un an que cette famille vivait dans la solitude, lorsque le marchand reçut une lettre par laquelle on lui mandait qu'un vaisseau, sur lequel il avait des marchandises, venait d'arriver heureusement. Cette nouvelle faillit tourner la tête à ses deux aînées qui pensaient qu'à la fin elles pourraient quitter cette campagne où elles s'ennuyaient tant ; et quand elles virent leur père prêt à partir, elles le prièrent de leur apporter des robes, des palatines, des coiffures et toutes sortes de bagatelles. La Belle ne lui demandait rien, car elle pensait en elle-même que tout l'argent des marchandises ne suffisait pas pour payer ce que ses sœurs souhaitaient. « Tu ne me pries pas de t'acheter quelque chose », lui demanda son père. « Puisque vous avez la bonté de penser à moi, lui dit-elle, je vous prie de m'apporter une rose, car il n'en vient point ici. » Ce n'est pas que la Belle se souciât d'une rose, mais elle ne voulait pas condamner par son exemple la conduite de ses sœurs, qui se seraient écriées que c'était pour se distinguer qu'elle ne demandait rien. Le bonhomme partit ; mais quand il fut arrivé, on lui fit un procès pour ses marchandises, et après avoir eu beaucoup de peine, il revint aussi pauvre qu'il l'était auparavant. Il n'avait plus que dix lieues pour arriver à sa maison, et il se réjouissait déjà du plaisir de voir ses enfants ; mais comme il fallait passer un grand bois avant de trouver sa maison, il se perdit ; il neigeait horriblement ; le vent était si grand qu'il le jeta deux fois à bas de son cheval. La nuit étant venue, il pensa qu'il mourrait de faim ou de froid, ou qu'il serait mangé par les loups qu'il entendait hurler autour de lui. Tout d'un coup, en regardant au bout d'une longue allée d'arbres, il aperçut une lumière, mais qui paraissait bien éloignée. Il marcha de ce côté-là, et vit que cette lumière sortait d'un grand palais qui était tout illuminé. Le marchand se hâta d'arriver à ce château ; mais notre homme fut bien surpris de ne trouver personne dans les cours. Son cheval qui le suivait, voyant une écurie ouverte, entra dedans, et y trouva du foin et de l'avoine. Le marchand l'attacha dans l'écurie et marcha vers la maison où il ne rencontra personne ; mais étant entré dans une grande salle, il y trouva un bon feu et une table chargée de viandes, où il n'y avait qu'un couvert. Le marchand s'approcha du feu pour se sécher, et il disait en lui-même : Le maître de la maison, ou ses domestiques, me pardonne-ront la liberté que j'ai prise, et sans doute ils viendront bientôt. Il attendit pendant un temps considérable ; mais onze heures ayant sonné sans qu'il vit personne, il ne put résister à la faim, et prit un poulet qu'il mangea en deux bouchées, et tout tremblant ; il but aussi quelques coups de vin. Alors, devenu plus hardi, il sortit de la salle et traversa plusieurs grands appartements magnifiquement meublés ; à la fin il arriva à une chambre où il y avait un bon lit ; comme il était minuit passé, et qu'il était las, il prit le parti de fermer la porte et de se coucher.

Dix heures du matin sonnaient quand il s'éveilla le lendemain ; il fut surpris de trouver un habit fort propre à la place du sien qui était tout gâté. Assurément, pensa-t-il, ce palais appartient à quelque bonne fée qui a eu pitié de ma situation. Il regarda par la fenêtre et ne vit plus de neige, mais des berceaux de fleurs qui enchantaient la vue. Le père de Belle rentra dans la grande salle où il avait soupé la veille, et vit une petite table où il y avait du chocolat. « Je vous remercie, madame la fée, dit-il tout haut, d'avoir eu la bonté de penser à mon déjeuner. » Le bon-homme après avoir pris son chocolat, sortit pour aller chercher son cheval, et, comme il passait sous un berceau de roses, il se souvint que la Belle lui en avait demandé ; il cueillit alors une branche où il y en avait plusieurs. En même temps, il entendit un grand bruit, et vit venir à lui une bête horrible. « Vous êtes bien ingrat, lui dit la bête d'une voix terrible ; je vous ai sauvé la vie en vous recevant dans mon château, et pour ma peine vous me volez mes roses que j'aime mieux que toutes choses au monde : il faut mourir pour réparer cette faute. » Le mar-chand se jeta à genoux, et s'écria en joignant les mains : « Monseigneur, pardon-nez-moi, je ne croyais pas vous offenser en cueillant une rose pour une de mes filles qui m'en avait demandé. » « Je ne m'appelle point Monseigneur, répondit le monstre, mais la Bête ; ainsi, ne croyez pas me toucher par vos flatteries ; mais vous m'avez dit que vous aviez des filles ; je veux bien vous pardonner à condition qu'une de vos filles viendra volontairement pour mourir à votre place ; partez, et si elles refusent, jurez que vous reviendrez dans trois mois. » Le bonhomme n'avait pas le dessein de sacrifier une de ses filles à ce vilain monstre ; mais il dit en lui même : Du moins j'aurai le plaisir de les embrasser encore une fois. Il jura donc de revenir, et la Bête ajouta : « Je ne veux pas que tu t'en ailles les mains vides : retourne dans la chambre où tu as couché, tu y trouveras un grand coffre vide, tu peux y mettre tout ce qu'il te plaira, je le ferai porter chez toi. » En même temps, la Bête se retira. S'il faut que je meure, réfléchit le bonhomme, j'aurai la consolation de laisser du pain à mes pauvres enfants.

Il retourna dans la chambre où il avait couché, et ayant trouvé une grande quantité de pièces d'or, il remplit le grand coffre dont la Bête lui avait parlé, le ferma, et ayant repris son cheval qu'il retrouva dans l'écurie, il sortit du palais. En peu d'heures, le pauvre père arriva dans sa petite maison. Ses enfants se rassemblèrent autour de lui ; mais au lieu d'être sensible à leurs caresses, le marchand se mit à pleurer en les regardant. Il tenait à la main la branche de roses qu'il apportait à la Belle ; il la lui donna et lui dit : « la Belle, prenez ces roses, elles coûteront bien cher à votre malheureux père » ; et, tout de suite, il raconta à sa famille la funeste aventure qui lui était arrivée. A ce récit, les deux aînées dirent des injures à la Belle qui ne pleurait point. « Que ne demandait-elle des ajustements comme nous ! s'écrièrent-elles ; mais non, mademoiselle voulait se distinguer, elle va causer la mort de notre père. » « Il ne périra point, répondit la Belle. Puisque le monstre veut bien accepter une de nous, je désire me livrer à toute sa furie, et je me trouve fort heureuse, puisqu'en mourant j'aurai la joie de sauver mon père, et de lui prouver ma tendresse. » « Non, ma sœur, lui dirent ses trois frères, vous ne mourrez pas, nous irons trouver ce monstre, et nous périrons sous ses coups, si nous ne pouvons le tuer. » « Ne l'espérez pas, mes enfants, leur dit le marchand ; la puissance de cette bête est si grande, qu'il ne me reste aucune espérance de la faire périr. Je suis charmé du bon cœur de la Belle ; mais je ne veux pas l'exposer à la mort. Je suis vieux, il ne me reste que peu de temps à vivre ; ainsi je ne perdrai que quelques années de vie, que je ne regrette qu'à cause de vous, mes chers enfants. » « Je vous assure, mon père, répliqua la Belle, que vous n'irez pas à ce palais sans moi ; j'aime mieux être dévorée par le monstre que de mourir du chagrin que me donnerait votre perte. » On eut beau dire, la Belle voulut partir pour le beau palais, et ses sœurs en étaient charmées, parce que les vertus de cette cadette leur avaient inspiré beaucoup de jalousie. Le marchand était si occupé de la douleur de perdre sa fille, qu'il ne pensait pas au coffre qu'il avait rempli d'or ; mais aussitôt qu'il se fut enfermé dans sa chambre pour se coucher, il fut bien étonné de le trouver dans la ruelle de son lit. Il résolut de ne point dire à ses enfants qu'il était devenu si riche, parce que ses filles s'étaient décidées à mourir dans cette campagne, mais il confia son secret à la Belle. Elle pria son père de marier ses sœurs ; car elle était si bonne qu'elle les aimait et leur pardonnait de tout son cœur le mal qu'elles lui avaient fait. Ces deux méchantes filles se frottèrent les yeux avec un oignon pour pleurer lorsque la Belle partit avec son père ; mais ses frères pleuraient tout de bon, aussi bien que le marchand : il n'y avait que la Belle qui ne versait point de larmes, parce qu'elle ne voulait pas augmenter la douleur de ceux-ci. Le cheval prit la route du palais, et sur le soir, le père et la fille l'aperçurent illuminé comme la première fois. Le cheval alla tout seul à l'écurie, et le bonhomme entra avec sa fille dans la grande salle, où ils trouvèrent une table magnifiquement servie avec deux couverts. Le marchand n'avait pas le cœur de manger ; mais la Belle, s'efforçant de paraître tranquille, se mit à table et le servit ; puis elle disait en elle-même : la Bête veut m'engraisser avant de me manger, puisqu'elle me fait faire si bonne chère. Quand ils eurent soupe, ils entendirent un grand bruit, et le marchand dit adieu à sa pauvre fille en pleurant ; car c'était la Bête qui venait. La Belle ne put s'empêcher de frémir en voyant cette horrible figure ; mais elle se rassura de son mieux ; et le monstre lui ayant demandé si c'était de bon cœur qu'elle était venue, elle lui répondit, en tremblant que oui. « Je vous en suis bien obligée, poursuivit la Bête. Bonhomme, partez demain matin, et ne vous avisez jamais de revenir ici. Adieu, la Belle. » « Adieu la Bête », répondit-elle, et tout de suite le monstre se retira. « Ah ! ma fille, dit le marchand, en embrassant la Belle, je suis à demi mort de frayeur. Croyez-moi, laissez-moi ici. » « Non, mon père, repartit la Belle avec fermeté, vous partirez demain matin, vous m'abandonnerez au secours du ciel ; peut-être aura-t-il pitié de moi. » Ils allèrent se coucher ; à peine furent-ils dans leurs lits que leurs yeux se fermèrent. Pendant son sommeil, la Belle vit une dame qui lui dit : « je suis contente de votre bon cœur, la Belle ; la bonne action que vous faites, en donnant votre vie pour sauver celle de votre père, ne demeurera pas sans récompense. » La Belle, s'éveillant, raconta ce songe à son père, et quoiqu'il le consolât un peu, cela ne l'empêcha pas de jeter de grands cris, quand il fallut se séparer de sa chère fille.

Lorsqu'il fut parti, la Belle qui avait beaucoup de courage, se recommanda à Dieu, et résolut de se point chagriner, pour le peu de temps qu'elle avait à vivre ; car elle croyait fermement que la Bête la mangerait le soir. Elle résolut de visiter le beau château. Elle ne pouvait s'empêcher de l'admirer. Mais elle fut bien surprise de trouver une porte sur laquelle il y avait écrit *Appartement de la Belle*. Elle ouvrit cette porte avec précipitation et fut éblouie de la magnificence qui régnait dans cet appartement ; mais ce qui frappa le plus sa vue, fut une grande bibliothèque, un clavecin et plusieurs livres de musique. La fille du marchand vit un livre où il y avait écrit en lettres d'or : *Souhaitez, commandez : vous êtes ici la reine et la maîtresse*. Hélas! murmura-t-elle en soupirant, je ne souhaite rien que de voir mon pauvre père, et de savoir ce qu'il fait à. présent. Elle avait dit cela en elle-même. Quelle fut sa surprise, en jetant les yeux sur un grand miroir, d'y reconnaître sa maison où son père arrivait avec un visage extrêmement triste ! Ses sœurs venaient au-devant de lui ; et, malgré les grimaces qu'elles faisaient pour paraître affligées, la joie qu'elles avaient de la perte de leur sœur paraissait sur leur figure. Un moment après, tout cela disparut. A midi, la Belle trouva la table mise, et, pendant son dîner, elle entendit un excellent concert, quoiqu'elle ne vît personne. Le soir, comme elle allait se mettre à table, elle vit paraître la Bête, et ne put s'empêcher de frémir. « La Belle, lui dit le monstre, voulez-vous bien que je vous regarde souper? » « Vous êtes le maître », répondit la Belle en tremblant. « Non, reprit la Bête ; il n'y a ici de maîtresse que vous. Dites-moi, n'est-ce pas que vous me trouvez bien laid ? » « Cela est vrai, dit la Belle, car je ne sais pas mentir ; mais je crois que vous êtes fort bon. » « Vous avez raison, poursuivit le monstre ; mais outre que je suis laid, je n'ai point d'esprit ; je sais bien que je ne suis qu'une bête. » « On n'est pas bête, reprit la Belle, quand on croit n'avoir point d'esprit. Un sot n'a jamais su cela. » « Mangez donc, la Belle, commanda le monstre, et tâchez de ne point vous ennuyer dans votre maison, car tout ceci est à vous, et j'aurais du chagrin si vous n'étiez pas contente. » « Vous avez bien de la bonté, dit la Belle. Je vous avoue que je suis contente de votre cœur ; quand j'y pense, vous ne me paraissez pas si laid. Il y a bien des hommes qui sont plus monstres que vous, et je vous aime mieux avec votre figure, que ceux qui, avec la figure d'homme, cachent un cœur faux, corrompu, ingrat. »

La Belle soupa de bon appétit. Elle n'avait presque plus peur du monstre ; mais elle manqua mourir de frayeur, lorsqu'il lui demanda : « la Belle, voulez-vous être ma femme ? » Elle fut quelque temps sans répondre : elle avait peur d'exciter la colère du monstre en le refusant ; elle lui repartit en tremblant : « Non, la Bête. » Dans le moment le pauvre monstre voulut soupirer, et il fit un sifflement si épouvantable, que tout le palais en retentit : mais la Belle fut bientôt rassurée, car la Bête lui ayant dit tristement : « Adieu donc, la Belle », il sortit de la chambre. Belle, se voyant seule, sentit une grande compassion pour cette pauvre bête. Hélas, murmurait la jeune fille, c'est bien dommage qu'elle soit si laide, elle est si bonne!

Belle passa trois mois dans le palais avec assez de tranquillité. Tous les soirs la Bête lui rendait visite, l'entretenait pendant le souper avec assez de bon sens, mais jamais avec ce qu'on appelle esprit dans le monde. Chaque jour Belle découvrait de nouvelles bontés dans ce monstre ; l'habitude de le voir l'avait accoutumée à sa laideur, et loin de craindre le moment de sa visite, elle regardait souvent à sa montre pour voir s'il était bientôt neuf heures ; car la Bête ne manquait jamais de venir à cette heure-là. Il n'y avait qu'une chose qui faisait de la peine à la Belle, c'était que le monstre, avant de se coucher, lui demandait toujours si elle voulait être sa femme, et paraissait pénétré de douleur lorsqu'elle lui répétait que non. « Je serai toujours votre amie, tâchez de vous contenter de cela », ajoutait-elle. « Il le faut bien, reprenait la Bête ; je me rends justice ; je sais que je suis bien horrible ; aussi je suis trop heureux de ce que vous voulez bien rester ici ; promettez-moi que vous ne me quitterez jamais. » La Belle rougit à ces paroles ; elle avait découvert, dans son miroir, que son père était malade du chagrin de l'avoir perdue, et elle souhaitait le revoir. « Je pourrais bien vous promettre de ne vous jamais quitter tout à fait ; mais j'ai tant d'envie de revoir mon père, que je mourrai de douleur si vous me refusez ce plaisir. » « J'aime mieux mourir moi-même, dit le monstre, que de vous donner du chagrin ; je vous enverrai chez votre père ; vous y resterez, et votre pauvre Bête perdra la vie. » « Non, lui dit la Belle en pleurant : je vous promets de revenir dans huit jours ; vous m'avez fait connaître que mes sœurs sont mariées, et que mes frères sont partis pour l'armée ; mon père est tout seul ; souffrez que je reste chez lui une semaine. » « Vous y serez demain matin, poursuivit la Bête ; mais souvenez-vous de votre promesse ; vous n'aurez qu'à mettre votre bague sur une table en vous couchant, dès que vous voudrez revenir. Adieu la Belle. » Quand Belle se réveilla, le matin, elle se trouva chez son père, et elle vit venir la servante qui fit un grand cri. Le bonhomme accourut à ce cri, et manqua mourir de joie en apercevant sa chère fille ; ils se tinrent, embrassés plus d'un quart d'heure. La Belle, après les premiers transports, pensa qu'elle n'avait point d'habits pour se lever ; mais la servante lui dit qu'elle venait de trouver dans la chambre voisine un grand coffre plein de robes d'or, garnies de diamants.

Belle remercia la bonne Bête de ses attentions : elle prit la moins riche de ces robes, et dit de serrer les autres, dont elle voulait faire présent à ses sœurs ; mais à peine eut-elle prononcé ces paroles, que le coffre disparut. Le marchand lui dit que la Bête voulait que Belle gardât tout cela pour elle, et aussitôt les robes et le coffre revinrent à la même place. La Belle s'habilla, et pendant ce temps, on alla avertir ses sœurs qui accoururent avec leurs maris. Elles étaient toutes deux fort malheureuses. L'aînée avait épousé un jeune gentilhomme si amoureux de sa propre figure, qu'il en était occupé depuis le matin jusqu'au soir et méprisait la beauté de sa femme. La seconde était mariée à un homme qui avait beaucoup d'esprit, mais il ne s'en servait que pour faire enrager tout le monde, à commencer par sa femme. Les sœurs de la Belle manquèrent mourir de douleur quand elles la virent habillée comme une princesse, et plus belle que le jour. Elle eut beau les caresser, rien ne put étouffer leur jalousie ; elles descendirent dans le jardin, pour y pleurer tout à leur aise. « Ma sœur, dit l'aînée, il me vient une pensée ; tâchons de l'arrêter ici plus de huit jours ; sa sotte Bête se mettra en colère de ce qu'elle lui aura manqué de parole, et peut-être qu'elle la dévorera. » « Vous avez raison, ma sœur », répondit l'autre. Ayant pris cette résolution, elles remontèrent, et firent tant d'amitiés à leur sœur, que la Belle en pleura de joie. Quand les huit jours furent passés, les deux sœurs s'arrachèrent les cheveux, et firent tellement les affligées de son départ, qu'elle promit de rester encore huit jours.

Cependant Belle se reprochait le chagrin qu'elle allait donner à sa pauvre Bête qu'elle aimait de tout son cœur ; et elle s'ennuyait de ne la plus voir. La dixième nuit qu'elle passa chez son père, elle rêva qu'elle était dans le jardin du palais, et qu'elle voyait la Bête couchée sur l'herbe, et prête à mourir, qui lui reprochait son ingratitude. La Belle se réveilla en sursaut, et versa des larmes. « Ne suis-je pas bien méchante, disait-elle, de donner du chagrin à une bête qui a pour moi tant de complaisance ! Elle est bonne, cela vaut mieux que tout le reste. Pourquoi n'ai-je pas voulu l'épouser ? Je serais plus heureuse avec elle, que mes sœurs avec leurs maris. Ce n'est ni la beauté ni l'esprit d'un mari qui rendent une femme contente, c'est la bonté du caractère, la vertu, la complaisance, et la Bête a toutes ces bonnes qualités. Allons, il ne faut pas la rendre malheureuse ; je me reprocherais toute ma vie mon ingratitude. » A ces mots, Belle se lève, met sa bague sur la table, et revient se coucher. A peine fut-elle dans son lit, qu'elle s'endormit ; et, quand elle se réveilla le matin, elle vit avec joie qu'elle était dans le palais du monstre. Elle s'habilla magnifiquement pour lui plaire, et s'ennuya à mourir toute la journée, en attendant neuf heures du soir ; mais l'horloge eut beau sonner, la Bête ne parut point. La Belle alors craignit d'avoir causé la mort de celle-ci et elle courut tout le palais en jetant de grands cris ; Belle se souvint de son rêve, et courut dans le jardin vers le canal, où elle l'avait vue en dormant. Elle trouva la pauvre bête étendue, sans connaissance, et elle la crut morte. Elle se jeta sur son corps sans avoir horreur de sa figure, et, sentant que son cœur battait encore, elle prit de l'eau dans le canal, et lui en répandit sur la tête. La Bête ouvrit les yeux, et dit à la Belle : « Vous avez oublié votre promesse, le chagrin .de vous avoir perdue m'a fait résoudre à me laisser mourir de faim ; mais je meurs contente, puisque j'ai le plaisir de vous, revoir encore une fois. » « Non, ma chère Bête, vous ne mourrez point, s'écria la Belle ; vous vivrez pour devenir mon époux ; dès ce moment je vous donne ma main. » A peine la Belle eut-elle prononcé ces paroles, qu'elle vit le château brillant de lumière ; les feux d'artifice, la musique, tout annonçait une fête ; elle se retourna vers sa chère bête, dont le danger la faisait frémir. Quelle fut sa surprise ! le monstre avait disparu, et elle ne vit plus à ses pieds qu'un prince plus beau que le jour qui la remerciait d'avoir fini son enchantement. Elle ne put s'empêcher de lui demander où était la Bête. « Vous la voyez à vos pieds, lui dit le prince. Une méchante fée m'avait condamné à rester sous cette figure jusqu'à ce qu'une belle fille consentît à m'épouser, et il m'avait été défendu de faire paraître mon esprit. Ainsi il n'y avait que vous dans le monde assez bonne pour vous laisser toucher de la bonté de mon caractère, et en vous offrant ma couronne, je ne puis m'acquitter des obligations que je vous ai. » Alors, ils allèrent ensemble au château ; et la Belle fut près de s'évanouir de joie, en trouvant, dans la grande salle, son père et toute sa famille, que la belle dame qui lui avait apparue en songe avait transportés au château. « Belle, lui dit cette dame, qui était une grande fée, venez recevoir la récompense de votre bon choix : vous avez préféré la vertu à la beauté et à l'esprit, vous méritez de trouver toutes ces qualités réunies en une même personne. Vous allez devenir une grande reine. » « Pour vous, mesdemoiselles, dit la fée aux deux sœurs de Belle, je connais votre cœur et toute la malice qu'il renferme. Devenez deux statues, mais conservez toute votre raison sous la pierre qui vous enveloppera. Vous demeurerez à la porte du palais de votre sœur, et je ne vous impose point d'autre peine que d'être témoins de son bonheur. Vous ne pourrez revenir dans votre premier état, qu'au moment où vous reconnaîtrez vos fautes ; mais j'ai bien peur que vous ne restiez toujours statues. On se corrige de l'orgueil, de la colère, de la gourmandise et de la paresse, mais c'est une espèce de miracle que la conversion d'un cœur méchant et envieux. » Dans le moment, la fée donna un coup de baguette qui transporta tous nos personnages dans le royaume du prince. Ses sujets le virent avec joie, et il épousa la Belle, qui vécut avec lui fort longtemps, et dans un bonheur parfait, parce qu'il était fondé sur la vertu.

EUGÉNIE.

J'aime cette Belle à la folie ; mais il me semble, si j'avais été à sa place, que je n'aurais pas voulu épouser la Bête, elle était trop horrible.

JULIA.

Mais elle était si bonne, que vous n'auriez pas voulu la laisser mourir de chagrin, surtout après qu'elle vous aurait fait tant de bien.

AUGUSTINE.

Pour moi, elle m'aurait bien effrayée ; j'aurais toujours pensé qu'elle allait me manger.

SIDONIE

Je crois que je me serais accoutumée à la voir tout comme la Belle. Quand mon père prit un petit garçon tout noir pour être son laquais, j'avais peur de ce domestique. Eh bien, petit à petit je m'y suis accoutumée ; il me porte, quand je monte dans la calèche, et je ne pense plus à son visage.

MADEMOISELLE BONNE.

Sidonie a raison : on s'accoutume à la laideur, mais jamais à la méchanceté. Il faut faire en sorte d'être si bonne, qu'on puisse oublier notre visage pour notre cœur. Remarquez aussi, mes enfants, qu'on est toujours récompensé quand on fait son devoir. Si Belle avait refusé de mourir à la place de son père, si elle avait été ingrate envers la pauvre bête, la jeune fille n'aurait pas été ensuite une grande reine. Voyez aussi combien on devient méchant quand on est jaloux ; c'est le plus vilain de tous les défauts.

Il n'est encore que trois heures, mes enfants, promenez-vous jusqu'à quatre heures. Vous pouvez courir et sauter tout à votre aise, pourvu que vous restiez à l'ombre ; pour moi qui suis vieille et qui ne puis marcher, je reste ici avec Julia, puisqu'elle ne se porte pas très bien.

AUGUSTINE. qui revient peu de temps après.

Bonne amie, voyez les jolis papillons que nous avons attrapés ; je veux mettre le mien dans une boîte, et je le nourrirai avec des fleurs ; peut-être aura-t-il des petits.

MADEMOISELLE BONNE.

Vous seriez bien étonnée, ma chère, de ne trouver au lieu de papillons, qu'une famille de chenilles.

AUGUSTINE.

Mais, je ne mettrai pas une chenille dans ma boîte, j'y mettrai un papillon : comment y trouverais-je autre chose qu'un papillon?

MADEMOISELLE BONNE.

Apprenez, ma chère, que ce papillon qui vous parait si joli était, en venant au monde, un petit ver, ensuite une vilaine chenille, qui après cela a été changée en papillon.

EUGÉNIE.

C'est comme dans les métamorphoses. Comment cela peut il se faire ? car j'ai toujours regardé les métamorphoses comme des contes propres à amuser les enfants.

MADEMOISELLE BONNE.

Vous vous êtes trompée, ma chère ; les métamorphoses sont l'histoire des Grecs, cachée, enveloppée sous des fables : et quand vous serez plus grande, je vous ferai voir le rapport qu'elles ont avec l'histoire.

EUGÉNIE.

Mais, bonne amie, pensez donc que j'ai bientôt treize ans, je ne suis plus un enfant ; pourquoi ne pas dire aujourd'hui ce que vous voulez m'expliquer dans un autre temps ?

MADEMOISELLE BONNE.

Parce qu'il faut nécessairement savoir l'histoire. Hâtez-vous de l'apprendre, et ensuite je vous instruirai sur tout ce que vous voulez savoir.

AUGUSTINE.

Et moi, faudra-t-il que j'attende aussi que je sois plus grande, pour savoir comment le papillon peut d'abord être chenille ?

MADEMOISELLE BONNE.

Non, ma chère. Pour vous faire plaisir je vais garder plusieurs papillons ; ils feront des œufs en automne, sur quelques feuilles que je leur donnerai ; puis ils mourront et je mettrai la feuille au soleil. Quand ces œufs seront échauffés il en sortira de petites chenilles qui fileront aussitôt qu'elles seront au monde, comme vous voyez filer les araignées ; et de leur fil elles bâtiront une maison, pour se cacher durant l'hiver, afin de ne pas sentir le froid.

SIDONIE.

Qui est-ce qui leur donnera de quoi faire du fil, ma Bonne ?

MADEMOISELLE BONNE.

Le bon Dieu qui les a créées, leur donne tout ce qui est nécessaire pour vivre et se conserver ; ainsi elles ont dans leur corps un magasin où elles trouvent de quoi faire le fil nécessaire pour bâtir leur maison.

AUGUSTINE.

Vous donnerez à manger à ces petites chenilles, mais celles qui restent dans les champs, qui est-ce qui leur porte de la nourriture dans leur petite maison?

MADEMOISELLE BONNE.

Personne, ma chère ! elles n'en ont pas besoin et ne mangent que quand elles sont plus grandes. Quand il fera chaud, elles sortiront de leur maison et après avoir mangé quelque temps, vous les verrez se bâtir un tombeau, où elles se coucheront, en devenant comme mortes. Elles ressembleront alors à une fève ; mais un peu plus tard, cette fève remuera ; il en sortira une tête, des jambes, des ailes, enfin un joli papillon, comme celui-ci, qui se nourrira de fleurs, jusqu'à ce qu'il ait fait des œufs et qu'il meure. Maintenant occupons-nous de notre histoire ; c'est votre tour, Sidonie.

SIDONIE.

Longtemps après la mort d'Adam et d'Eve, les hommes devinrent si méchants que le bon Dieu les eut en horreur. Ils mentaient, étaient gourmands, se mettaient en colère, ne faisaient jamais leurs prières, en un mot, ils ne commettaient que le mal. Dieu résolut de les punir. Mais, comme il y avait un honnête homme parmi ces méchants, il lui commanda de faire une grande maison de bois, et d'y mettre toutes sortes d'animaux. Cet honnête homme se nommait Noé ; et quand la maison fut faite, il y entra avec sa femme et ses trois fils, dont les noms étaient Sem, Cham et Japhet ; ils avaient aussi leurs femmes. Quand ils furent dans cette grande maison appelée l'Arche, Dieu fit tomber tant de pluie, qu'il y en avait par-dessus toutes les maisons, les arbres et les montagnes, en sorte que tous les hommes furent noyés, aussi bien que toutes les bêtes. Noé ne périt pas, car Dieu avait bien fermé l'arche, et elle se tenait au-dessus de l'eau. Tous les hommes étant morts, il ne tomba plus de pluie, et il vint un grand vent qui sécha la terre ; alors Noé ouvrit une fenêtre de l'arche et laissa sortir un corbeau. Le corbeau est un vilain animal qui mange les corps morts ; ainsi, comme il en trouva beaucoup sur la terre, il ne revint point dans l'arche. Quelque temps après, Noé ouvrit encore la fenêtre, et laissa sortir un petit pigeon. Le pigeon cueillit une branche d'arbre et l'apporta à son bec. Ensuite Dieu commanda à Noé de sortir de l'arche. Noé se mit à genoux avec toute sa famille, pour remercier le bon Dieu ; et, en même temps, il vit une grande chose qui était bleue, rouge, verte, violette : cela s'appelait un *arc-en-ciel* ; et le bon Dieu lui dit : « Cet arc-en-ciel, je vous l'enverrai souvent, pour vous faire souvenir que jamais il n'y aura un autre déluge, c'est-à-dire de si grandes pluies sur la terre. »

AUGUSTINE.

Mademoiselle Bonne, qui est-ce qui donna à manger à Noé, à ses enfants et à toutes les bêtes pendant le temps qu'ils furent dans l'arche ?

MADEMOISELLE BONNE.

Il vous a donné vos oreilles, vos pieds, vos mains. Il vous donne ce que vous mangez, vos habits ; en un mot, il vous donne tout ce que vous avez.

AUGUSTINE.

Pardonnez-moi, c'est ma mère qui me donne mes robes et ce que je mange.

MADEMOISELLE BONNE.

Souvenez-vous bien, ma chère, que le bon Dieu a fait tout et que tout lui appartient : s'il n'avait pas donné d'argent à votre mère pour vous acheter des habits, du pain, et toutes les choses dont vous avez besoin, vous n'auriez rien du tout.

AUGUSTINE.

Le bon Dieu a-t-il aussi fait ma grand'mère qui est à Versailles ?

MADEMOISELLE BONNE.

Il a fait tout ce qui est sur la terre et dans le ciel, mes enfants. Mais je crois qu'il va pleuvoir ; remontons dans ma chambre.

CHARLOTTE.

Ah ! ma Bonne, regardez de ce coté-là ; je crois que voilà cette belle chose que vous appelez l'*arc-en-ciel* ; oh ! les charmantes couleurs !

MADEMOISELLE BONNE.

Vous avez raison, ma chère. Hé bien ! quand on voit cela, il faut se souvenir que c'est la marque que le bon Dieu nous donne qu'il a fait la paix avec les hommes. Il ne faut donc jamais regarder l'arc-en-ciel sans le remercier, dans son cœur, de la bonté qu'il a eue de nous pardonner. Montons vite, je sens déjà des gouttes de pluie.

La tour de Babel

DIALOGUE VI.

CHARLOTTE, Mlle BONNE, AUGUSTINE, SIDONIE, JULIA, EUGÉNIE.

CHARLOTTE.

Nous avons été une demi-heure à table ; mademoiselle Bonne nous racontera une histoire.

MADEMOISELLE BONNE.

De tout mon cœur ; mais Charlotte n'a-t-elle rien à me donner ?

CHARLOTTE.

Oui, voilà un papier où il y a de vilaines choses ; mais, je vous prie, lisez-le tout bas.

MADEMOISELLE BONNE.

Oui, ma chère, je le lirai pendant que nous prendrons le thé. Hé bien, mesdemoiselles, il faut tenir ma parole et vous dire un conte ; asseyez-vous, je vais payer ma dette.

FATAL ET FORTUNÉ

CONTE.

Il y avait une fois une reine qui eut deux petits garçons parfaitement beaux. Une bonne fée, amie de la reine, avait été priée d'être la marraine de ces princes, et de leur faire quelque don : « Je doue (ndlr : doter, gratifier, pourvoir quelqu'un d'une qualité, d'un avantage) l'aîné, dit-elle, de toutes sortes de malheurs jusqu'à l'âge de vingt-cinq ans, et je le nomme *Fatal* ». A ces paroles, la reine jeta de grands cris, et conjura la fée de changer ce don. « Vous ne savez ce que vous demandez, dit-elle à la reine ; s'il n'est pas malheureux, il sera méchant. » La reine n'osa rien dire, mais elle pria la fée de lui laisser choisir un don pour son second fils. « Peut-être choisirez-vous de travers, répondit la fée ; mais n'importe, je veux bien lui accorder ce que vous demanderez pour lui. » « Je souhaite, dit la reine, qu'il réussisse toujours dans tout ce qu'il voudra faire ; c'est le moyen de le rendre parfait. » « Vous pourriez vous tromper, répliqua la fée ; ainsi je ne lui accorde ce don que jusqu'à vingt-cinq ans. »

On donna des nourrices aux deux petits princes ; mais, dès le troisième jour, la nourrice du prince aîné eut la fièvre ; on lui en amena une autre qui se cassa la jambe en tombant ; une troisième perdit son lait aussitôt que le prince Fatal commença à la téter ; et le bruit s'étant répandu que le prince portait malheur à ses nourrices, personne ne voulait plus le nourrir ni s'approcher de lui. Ce pauvre petit qui avait faim, criait. Une grosse paysanne, qui avait un grand nombre d'enfants qu'elle avait beaucoup de peine à élever, dit qu'elle aurait soin de lui moyennant une grosse somme d'argent ; et comme le roi et la reine n'aimaient pas le prince Fatal, ils donnèrent à la nourrice ce qu'elle demandait, en lui disant de le porter dans son village. Le second prince qu'on avait nommé *Fortuné*, venait au contraire à merveille. Son père et sa mère l'aimaient à la folie, et ne pensaient pas seulement à l'aîné. La méchante femme à laquelle on l'avait confié ne fut pas plus tôt chez elle qu'elle lui ôta les beaux langes dont il était enveloppé pour les donner à un de ses fils qui était de l'âge de Fatal ; et, ayant enveloppé le pauvre prince dans une mauvaise jupe, elle le porta dans un bois où il y avait bien des bêtes sauvages, puis le mit dans un trou avec trois petits lions, pour qu'il fut mangé. Mais la mère de ces lions ne lui fit point de mal, et au contraire elle lui donna à téter, ce qui le rendit si fort, qu'il courait tout seul au bout de six mois.

Cependant le fils de la nourrice, qu'elle faisait passer pour le prince, mourut ; le roi et la reine se consolèrent de la mort du fils qu'ils croyaient avoir perdu. Fatal resta dans le bois jusqu'à deux ans ; un seigneur de la cour qui allait à la chasse fut tout étonné de le trouver au milieu des bêtes. Il en eut pitié et l'emporta dans sa maison ; et, ayant appris qu'on cherchait un enfant pour tenir compagnie à Fortuné, il présenta Fatal à la reine. On donna un maître à Fortuné pour lui apprendre à lire ; mais on recommanda au maître de ne point le faire pleurer. Le jeune prince, qui avait entendu cela, versait des larmes toutes les fois qu'il prenait son livre, en sorte qu'à cinq ans il ne connaissait pas ses lettres, au lieu que Fatal lisait parfaitement, et savait déjà écrire. Pour faire peur au prince, on commanda au maître de fouetter Fatal toutes les fois que Fortuné manquerait à son devoir. Ainsi Fatal avait beau s'appliquer à être sage, cela ne l'empêchait pas d'être battu :

d'ailleurs, Fortuné était si volontaire et si méchant qu'il maltraitait toujours son frère qu'il ne connaissait pas.

Ils vécurent ainsi jusqu'à l'âge de dix ans, et la reine était fort surprise de l'ignorance de son fils. Elle alla consulter la fée sur cela, qui lui dit : « Madame, il fallait souhaiter à votre fils de la bonne volonté plutôt que le don de réussir ; il ne veut qu'être bien méchant, il y réussit comme vous le voyez. » Cette pauvre princesse, fort affligée, retourna à son palais. Elle essaya de gronder Fortuné pour l'obliger à mieux faire ; il répondit que si on le chagrinait il se laisserait mourir de faim. Alors la reine, tout effrayée, lui promit qu'il n'étudierait pas de huit jours, s'il voulait bien manger comme à son ordinaire. Cependant le prince Fatal était un prodige de science et de douceur. Mais le méchant Fortuné, qui enrageait de le voir plus habile que lui, ne pouvait le souffrir, et les gouverneurs, pour plaire à leur jeune maître, battaient Fatal à tous moments.

Enfin le mauvais prince dit à la reine qu'il ne voulait plus voir Fatal, et qu'il ne mangerait pas qu'on ne l'eût chassé du palais. Voilà donc Fatal sans asile ; et, comme on avait peur de déplaire au prince, personne ne voulut le recevoir. Il passa la nuit sous un arbre, mourant de froid, car c'était en hiver, et n'ayant pour souper qu'un morceau de pain qu'on lui avait donné par charité. Le lendemain matin, il dit en lui-même : « je travaillerai pour gagner ma vie jusqu'à ce que je sois assez grand pour aller à la guerre. Je me souviens d'avoir lu dans les histoires que de simples soldats sont devenus de grands capitaines ; peut-être aurai-je le même bonheur, si je suis honnête homme. Dieu est le père des orphelins, il m'a donné une lionne pour nourrice, et il ne m'abandonnera pas. » Après avoir dit cela, Fatal se leva, fit sa prière, car il ne manquait jamais d'implorer Dieu soir et matin, et, quand il priait, il avait les yeux baissés, les mains jointes, et il ne tournait pas la tête de côté et d'autre.

Un paysan qui passa, et qui vit Fatal priant Dieu de tout son cœur, se dit : « Je suis sûr que cet enfant sera un honnête garçon ; j'ai envie de le prendre pour garder mes moutons. Dieu me bénira à cause de lui. » Le paysan attendit que Fatal eût fini sa prière, et lui demanda : « Mon petit ami, voulez-vous venir garder mes moutons ? Je vous nourrirai, et j'aurai soin de vous. » « Je le veux bien, répondit Fatal ; je ferai tout mon possible pour vous bien servir. » Ce paysan était un gros fermier, et il avait beaucoup de valets qui le volaient fort souvent ; sa femme et ses enfants le volaient aussi. Un jour la femme dit à Fatal : « Mon ami, mon mari est un avare qui ne me donne jamais d'argent ; laisse-moi prendre un mouton, et tu affirmeras que le loup l'a emporté. » « Madame, lui répondit Fatal, j'aimerais mieux mourir que de dire un mensonge et être un voleur. » « Tu n'es qu'un sot, s'écria cette femme ; personne ne saura que tu as fait cela. » « Dieu le saura, madame, poursuivit Fatal ; il voit tout ce que nous faisons, et punit les menteurs et ceux qui volent. » Quand la fermière entendit ces paroles, elle se jeta sur le prince berger, lui donna des soufflets, et lui arracha les cheveux. Fatal pleurait, et le fermier l'ayant entendu, demanda à sa femme pourquoi elle battait cet enfant. « Vraiment, répliqua-t-elle, c'est un gourmand ; je l'ai vu ce matin manger un pot de crème que je voulais porter au marché. » Le paysan appela un valet, et lui commanda de fouetter Fatal. Après cela le pauvre enfant sortit dans la campagne avec ses moutons, et la fermière lui dit : « Hé bien ! voulez-vous à cette heure me donner un mouton ? » « J'en serais bien fâché, repartit Fatal, vous pouvez faire tout ce que vous voudrez contre moi, mais vous ne m'obligerez pas à mentir. »

Cette méchante créature, pour se venger, engagea tous les autres domestiques à faire du mal à Fatal. Il passa un an à la ferme, et quoiqu'il couchât sur la terre et qu'il fût mal nourri, il devint si fort, qu'on croyait qu'il avait quinze ans, et cependant il n'en avait que treize ; d'ailleurs il était devenu si patient qu'il ne se chagrinait plus quand on le grondait mal à propos. Un jour il entendit dire qu'un roi voisin avait une grande guerre. Il demanda congé à son maître et se rendit à pied dans le royaume de ce prince pour être soldat. Il s'engagea à un capitaine qui était un grand seigneur, mais qui ressemblait à un portefaix tant il était brutal ; il jurait, il battait ses soldats, il leur volait la moitié de l'argent que le roi donnait pour les nourrir et les habiller ; sous ce méchant capitaine, fatal fut encore plus malheureux que chez le fermier. Il s'était engagé pour dix ans, et quoiqu'il vit déserter le plus grand nombre de ses camarades, il ne voulut jamais suivre leur exemple ; car il disait : « J'ai reçu de l'argent pour servir dix ans, je volerais le roi si je manquais à ma parole. »

Tout en maltraitant Fatal comme les autres, le capitaine ne pouvait s'empêcher de l'estimer, parce qu'il voyait qu'il remplissait toujours son devoir. Ce capitaine n'aimait pas la lecture, mais il avait une grande bibliothèque pour faire croire à ceux qui venaient chez lui qu'il était un homme d'esprit ; car, dans ce pays-là, on pensait qu'un officier qui ne lisait pas l'histoire ne serait jamais qu'un sot et qu'un ignorant. Quand Fatal avait fait son devoir de soldat, au lieu d'aller boire et jouer avec ses camarades, il s'enfermait dans la chambre du capitaine et tâchait d'apprendre son métier en lisant la vie des grands hommes ; ainsi il devint capable de commander une armée. Il y avait déjà sept ans qu'il était soldat lorsqu'il alla à la guerre. Le capitaine prit six soldats avec lui pour visiter un petit bois ; et quand il fut dans ce petit bois, les soldats disaient tout bas : « Il faut tuer ce méchant homme. » Fatal leur représenta qu'ils ne devaient pas faire une si mauvaise action ; mais, au lieu de l'écouter, ils mirent tous les cinq l'épée à la main. Fatal défendit son capitaine, et se battit avec tant de valeur, qu'il tua lui seul quatre de ces soldats.

L'officier, voyant qu'il lui devait la vie, lui demanda pardon de tout le mal qu'il lui avait fait, et, ayant raconté au roi ce qui lui était arrivé, Fatal fut nommé capitaine, et le roi lui accorda une grosse pension. On donna une grande bataille, et celui qui commandait l'armée ayant été tué, tous les officiers et les soldats s'enfuirent, mais Fatal cria tout haut qu'il aimait mieux mourir les armes à la main que de fuir comme un lâche. Ses soldats lui crièrent qu'ils ne voulaient point l'abandonner, et leur bon exemple ayant fait honte aux autres, ils se rangèrent autour de Fatal, et combattirent si bien, qu'ils prirent le fils du roi ennemi. Le roi fut bien content quand il sut qu'il avait gagné la bataille, et dit à Fatal qu'il le créait général de toutes ses armées. Il le présenta ensuite à la reine et à la princesse, sa fille, qui lui donnèrent leurs mains à baiser. Quand Fatal vit la princesse, il conçut le désir de l'épouser, mais il pensa qu'il ne pourrait devenir le mari d'une grande princesse, et tous les jours il souffrait les plus grands tourments ; mais ce fut bien pis quand il apprit que Fortuné, ayant vu un portrait de la princesse, qui se nommait Gracieuse, en était devenu amoureux et qu'il envoyait des ambassadeurs pour la demander en mariage.

Fatal pensa mourir de chagrin ; mais la princesse Gracieuse, qui savait que Fortuné était un prince lâche et méchant, pria le roi son père de répondre à l'ambassadeur qu'elle ne voulait point encore se marier. Fortuné, qui n'avait jamais été contredit, entra en fureur quand on lui eût rapporté la réponse de la princesse ; et son père, qui ne pouvait rien lui refuser, déclara la guerre au père de Gracieuse qui ne s'en embarrassa pas beaucoup ; car il disait : « Tant que j'aurai Fatal à la tête de mon armée, je ne crains pas d'être battu. » Il envoya donc chercher son général, et lui ordonna de se préparer à faire la guerre ; mais Fatal, se jetant à ses pieds, lui dit qu'il était né dans le royaume du père de Fortuné, et qu'il ne pouvait combattre contre son roi. Le père de Gracieuse répondit à Fatal qu'il le ferait mourir s'il refusait de lui obéir, et qu'au contraire il lui donnerait sa fille en mariage s'il emportait la victoire sur Fortuné. Le pauvre Fatal, qui aimait Gracieuse à la folie, fut bien tenté ; mais, à la fin, il se résolut à faire son devoir.

Sans rien dire au roi, il quitta la cour et abandonna toutes ses richesses. Cependant Fortuné se mit à la tête de son armée pour aller combattre ; mais, au bout de quatre jours, il tomba malade de fatigue, car il était fort délicat, n'ayant jamais voulu faire aucun exercice. Le chaud, le froid, tout le rendait malade. Cependant l'ambassadeur, voulant se montrer zélé envers Fortuné, lui apprit qu'il avait vu à la cour du roi ennemi un général nommé Fatal, auquel la main de Gracieuse avait été offerte comme récompense s'il parvenait à vaincre l'armée ennemie. Fortuné, à cette nouvelle, se mit dans une grande colère, et aussitôt qu'il fut guéri, il partit pour détrôner le père de Gracieuse, et promit une grosse somme d'argent à celui qui lui amènerait Fatal. Fortuné remporta de grandes victoires, quoiqu'il ne combattît pas lui-même, car il avait peur d'être tué. Enfin il assiégea la ville capitale de son ennemi, et résolut de l'aire donner l'assaut. La veille de ce jour, on lui amena Fatal, lié avec de grosses chaînes. Fortuné, charmé de pouvoir se venger, voulut, avant de donner l'assaut, faire couper la tête à Fatal à la vue des ennemis.

Ce jour-là même, il donna un grand festin à ses officiers, parce qu'il célébrait son jour de naissance, ayant justement vingt-cinq ans. Les soldats qui étaient dans la ville, ayant su que Fatal était pris, et qu'on devait dans une heure lui trancher la tête, résolurent de périr ou de le sauver ; car ils se souvenaient du bien qu'il leur avait fait pendant qu'il était leur général. Cette fois ils furent victorieux. Le don de Fortuné avait cessé ; comme il voulait s'enfuir, il fut tué. Les soldats vainqueurs coururent ôter les chaînes de Fatal, et, dans le même moment, on vit paraître en l'air deux chariots brillants de lumière. La fée était dans un de ces chariots, et le père et la mère de Fatal étaient dans l'autre, mais endormis. Ils ne s'éveillèrent qu'au moment où leurs chariots touchaient la terre, et furent bien étonnés de se voir au milieu d'une armée. La fée alors s'adressant à la reine, et lui présentant Fatal, lui dit : « Madame, reconnaissez, dans ce héros, votre fils aîné ; les malheurs qu'il a éprouvés ont corrigé les défauts de son caractère, qui était violent et emporté. Fortuné, au contraire, qui était né avec de bonnes inclinations, a été absolument gâté par la flatterie, et Dieu n'a pas permis qu'il vécût plus longtemps, parce qu'il serait devenu plus méchant chaque jour. Il vient d'être tué ; mais pour vous consoler de sa mort, apprenez qu'il était sur le point de détrôner son père. » Le roi et la reine surpris embrassèrent de bon cœur Fatal, dont ils avaient entendu parler avantageusement. La princesse Gracieuse et son père apprirent avec joie l'aventure de Fatal, qui épousa Gracieuse, avec laquelle il vécut fort longtemps dans une parfaite concorde, parce que leur union était fondée sur la vertu.

CHARLOTTE, faisant un soupir.

Ah ! que je suis contente de voir le pauvre Fatal tranquille ! j'avais toujours peur que le méchant Fortuné ne lui fit couper la tète.

MADEMOISELLE BONNE.

Je gage qu'il n'y en a pas une de vous, mesdemoiselles, qui ne soit bien aise que Fortuné ait été tué.

AUGUSTJNE.

Quant à moi je suis bien contente ; car s'il n'était pas mort, il aurait toujours cherché à faire du mal à son frère.

SIDONIE.

Ce n'était pas la faute de Fortuné, s'il était si méchant ; pourquoi l'avait-on si mal élevé?

MADEMOISELLE BONNE.

Vous avez raison, ma chère. Mais, mes enfants, il faut faire une réflexion. Vous aimez toutes Fatal, et vous haïssez Fortuné. Hé bien ! imaginez-vous que les hommes sont tous du même goût que vous. Ils aiment le bon, et sont fâchés quand il leur arrive du mal. Retenez bien cela, mes enfants, vous êtes de bonne famille, vous êtes riches ; ce ne sera point cela qui vous fera aimer et estimer, mais votre vertu. A quoi sert que vous soyez riches, si vous laissez mourir les pauvres de faim ? Vous voyez bien que vos richesses ne vous rendent pas aimables ; au contraire, toutes les fois que vous refusez d'assister les pauvres, ceux qui vous voient disent en eux-mêmes : « Ho ! la méchante femme, c'est bien dommage qu'elle soit riche, et il serait bien mieux que madame une telle eût tout son argent, car elle est bien charitable. »

CHARLOTTE.

Hélas ! cela est bien vrai. Ma gouvernante, mon père, ma mère, mes sœurs, jusqu'aux servantes de cuisine, personne ne me peut souffrir ; mais vous savez que je veux me corriger.

MADEMOISELLE BONNE.

Oui, ma chère, je l'espère, et si vous avez le courage de suivre mes conseils, nous viendrons à bout de changer votre caractère. Par exemple, ma chère, j'ai lu votre papier en secret. Hé bien, si vous étiez bonne fille, vous me donneriez la permission de le lire tout haut. Je sais que cela vous rendrait bien honteuse ; mais aussi cela vous aiderait à vous corriger.

CHARLOTTE.

Si vous croyez que cela puisse m'être utile, je le demande sincèrement.

MADEMOISELLE BONNE.

Oui, j'en réponds. Quand vous aurez envie de dire ou de faire quelque sottise, vous penserez que vous avez promis de l'écrire et que ce sera lu devant ces demoiselles, et la crainte de l'entendre lire vous retiendra. Voyons ce papier.

« J'ai refusé d'obéir à mademoiselle Bonne, je lui ai dit qu'elle était bien hardie de me commander, puisqu'elle n'était que ma servante. Je lui ai dit aussi que je souhaitais la faire mettre si fort en colère, qu'elle me donnât un coup pour me casser un bras ou une jambe, parce que cela la ferait chasser de la maison. »

CHARLOTTE, en pleurant.

Ah ! ces demoiselles ne voudront plus me souffrir dans leur compagnie, à présent qu'elles savent combien je suis méchante.

MADEMOISELLE BONNE.

Mais, ma chère, elles voient combien vous avez envie de vous corriger. Écoutez bien, mon enfant, nous naissons tous avec des défauts ; les honnêtes gens, quand ils étaient jeunes, en avaient autant que les méchants, mais ils se sont corrigés. Je veux bien vous avouer une chose, ma chère, c'est que quand j'étais petite, j'étais aussi méchante que vous ; mais, par bonheur, j'avais une bonne gouvernante qui m'aimait beaucoup. Je suivis ses conseils, et, en deux mois, je me corrigeai, en sorte qu'on ne me reconnaissait pas. Je veux oublier ce que vous avez dit parce que vous reconnaissez votre faute.

JULIA.

Ne pleurez pas, ma bonne amie, nous vous aimons de tout notre cœur ; et, pour moi, je gagerais que vous ne ferez jamais de pareilles fautes.

EUGÉNIE.

Mademoiselle Bonne, je lisais, il y a quelque temps, qu'il y avait un grand philosophe que tout le monde admirait à cause de sa bonté. Hé bien ! il dit un jour qu'il était né gourmand, menteur, voleur ; mais personne ne le voulait croire, parce qu'il s'était tout à fait corrigé.

MADEMOISELLE BONNE.

Et, à présent, ma chère, on aurait de la peine à croire que vous étiez, il n'y a qu'un mois, une orgueilleuse qui preniez plaisir à parler des défauts des autres, pour les humilier : vous vous corrigez, et, si cela continue, je vous aimerai à la folie. Mais dites-moi, je vous prie, le nom de ce philosophe.

EUGÉNIE.

Il s'appelait Socrate.

AUGUSTINE.

Ah ! je le connais ; vous m'avez appris hier une jolie histoire de lui.

MADEMOISELLE BONNE.

Répétez-la, je vous prie, ma chère.

AUGUSTINE.

Socrate avait une femme si méchante qu'elle ne cessait de l'outrager par mille sortes d'injures. Un jour qu'elle l'avait beaucoup querellé, il sortit de chez lui pour ne la plus entendre. Cette méchante femme fut très fâchée de n'avoir plus personne à gronder, elle prit alors un pot plein d'eau sale, et jeta cette eau sur la tête de son mari. Socrate se mit à rire et dit à l'un de ses amis qui était là : « Après le tonnerre, il vient toujours la pluie. » La gronderie de sa femme, il l'appelait tonnerre, et l'eau sale, c'était la pluie, qui avait gâté l'habit du philosophe.

JULIA.

Je suis sûre que sa femme aurait mieux aimé qu'il l'eût battue que de le voir rire.

MADEMOISELLE BONNE.

Vous avez raison, ma chère. Il ne faut pas chercher à se venger, cela est vilain. Mais il est pourtant vrai qu'on se venge des gens qui ne nous font point de mal, en riant de celui qu'ils veulent nous faire ; ils avaient envie de vous fâcher et vous ne leur donnez pas ce plaisir ; cela les mortifie beaucoup ; mais, comme je vous l'ai dit, il ne faut pas rire pour les fâcher, cela ne serait pas bien ; au contraire, quand une personne vous injurie, ou cherche à vous donner du chagrin, il faut dire en vous-même : « Cette pauvre personne ne peut me faire du mal, si je ne me fâche pas ; mais elle s'en fait beaucoup à elle-même, elle est bien à plaindre ; j'ai pitié d'elle. Mon Dieu, faites-lui la grâce de se corriger ; je lui pardonne de bon cœur le tort qu'elle a voulu me faire. » Car, voyez-vous, mes enfants, il faut aimer nos ennemis et leur pardonner, si nous voulons que Dieu nous pardonne. Maintenant, mademoiselle Sidonie et mademoiselle Augustine vont nous raconter leurs histoires.

SIDONIE.

Quand Noé fut sorti de l'arche, il planta la vigne, fit du vin avec ce raisin ; ayant voulu savoir le goût qu'avait cette liqueur, il en but, mais avec excès, et en perdit la raison. Son fils Cham, au lieu de déplorer cela, se mit à rire, et appela ses deux frères Sem et Japhet, pour se moquer de Noé, mais ses frères lui dirent : « cela est vilain, de rire de son père ; quand les parents font mal, il ne faut jamais le dire à personne. » Dès que Noé eut dormi, et qu'il eut recouvré sa raison, il sut ce que ses enfants avaient fait, et dit à Cham : « Vous êtes un méchant, parce que vous avez perdu le respect que vous me deviez ; je vous maudis, et au contraire, je donne ma bénédiction à vos frères. »

AUGUSTINE.

Qu'est-ce que cela veut dire : *Je vous maudis* ?

MADEMOISELLE BONNE.

Cela veut dire : *Je vous souhaite toutes sortes de malheurs, et je prie Dieu de vous les envoyer.*

CHARLOTTE.

Et le bon Dieu envoie-t-il des malheurs aux enfants maudits ?

MADEMOISELLE BONNE.

Presque toujours, ma chère. C'est la pire chose qui puisse arriver à un enfant que d'être maudit par son père et par sa mère. Or, on s'expose à cela, en leur désobéissant, en leur parlant sans respect, en se mariant sans leur permission. Ainsi, mes enfants, prenez bien garde de ne pas chagriner vos pères et mères ; car, si, par malheur, ils vous maudissaient, vous seriez bien à plaindre. Voyez aussi combien il est dangereux de boire du vin et des liqueurs fortes, cela trouble la raison, et l'on fait des sottises.

Il faut, mes enfants, que je vous raconte une histoire que j'ai lue quelque part : c'est saint Augustin qui la rapporte, et cela est arrivé à sa mère, nommée Monique. Quand elle était petite fille, elle avait une sage gouvernante, qui ne lui permettait pas de boire du vin, excepté avec beaucoup d'eau. Cette gouvernante lui disait : « Ma chère, tant que vous êtes jeune, vous ne buvez que de l'eau, mais quand vous serez mariée et votre maîtresse, si vous avez pris l'habitude de boire à tout moment sans soif, vous boirez du vin, et vous perdrez la raison. » Monique n'avait jamais goûté de vin pur de toute sa vie ; quand elle eut quatorze ans, son père l'envoyait à la cave avec la servante, et un jour elle dit : « Je veux voir quel goût a le vin. » Elle en but une petite goutte, et cela ne lui parut pas trop bon. Le lendemain, il lui prit fantaisie d'en boire encore, elle en avala quelques gorgées, et trouva qu'il était meilleur ; enfin elle s'y accoutuma si bien qu'elle en buvait de grands verres. Heureusement pour elle, elle eut une dispute avec sa servante qui l'appela petite ivrognesse : ce reproche rendit Monique si honteuse, qu'elle se corrigea : car c'est la plus grande injure qu'on puisse faire à une femme, que de lui reprocher qu'elle boit beaucoup de vin et de liqueurs fortes.

Vous voyez par là, mes enfants, qu'il faut bien prendre garde aux mauvaises habitudes ; ainsi vous pouvez boire du vin quand on vous en offre, car je suppose qu'on ne vous en donne guère ; mais il serait épouvantable d'en demander ou d'en boire sans permission. Allons, Augustine, dites-nous votre histoire.

AUGUSTINE.

Noé et ses trois fils ayant eu beaucoup d'enfants, le pays où ils demeuraient leur parut trop petit, et ils résolurent de se séparer. Mais auparavant ils voulurent bâtir une grande tour, bien plus haute que les tours de Notre-Dame, parce qu'ils souhaitaient que, dans l'avenir, on dît qu'ils avaient beaucoup d'esprit pour avoir fait un si bel ouvrage. Ils ajoutaient aussi : « Si Dieu voulait nous noyer une autre fois, nous monterions au haut de cette tour, et l'eau ne pourrait venir jusque-là. » Ils commencèrent donc ce monument, mais Dieu punit leur vanité et leur folie, car tout d'un coup il leur fit oublier la langue qu'ils savaient, et en apprit de différentes aux uns et aux autres, en sorte qu'ils ne s'entendaient plus. Ces hommes donc furent bien surpris ; quand celui-ci disait : « Donnez-moi une pierre », celui-là qui ne l'entendait pas, lui apportait de l'eau ou du bois. Il fallut donc laisser la tour, qui était déjà bien avancée : on la nomma Babel, qui veut dire confusion, et chacun pensa à s'en aller de son côté. Les enfants de Cham et de Ghanaan, son fils, se dirigèrent du côté de l'Orient ; ceux de Japhet allèrent demeurer en Occident, et ceux de Sem habitèrent dans le pays d'Assur.

MADEMOISELLE BONNE.

Je vais vous montrer, sur une carte de géographie, les points vers lesquels ils s'avancèrent... Voyez-vous cette carte ? le côté qui est tout en haut s'appelle le *nord* ou le *septentrion* ; celui qui est tout en bas, s'appelle le *sud* ou le *midi* ; celui qui est à votre main droite, s'appelle *l'est* ou *l'orient* ; et celui qui est à votre main gauche, s'appelle *l'ouest* ou *l'occident*.

AUGUSTINE.

Pourquoi cette carte est-elle de quatre couleurs?

MADEMOISELLE BONNE.

Pour marquer, d'un côté ce qui est terre, et de l'autre ce qui est eau, et pour distinguer les cinq parties du monde, qu'on appelle l'*Europe*, l'*Asie*, l'*Afrique*, l'*Amérique* et l'*Océanie*. L'Europe est au nord, l'Asie est à l'ouest, l'Afrique est au sud, l'Amérique est à l'ouest, et l'Océanie est au sud de l'Asie, et nous vivons dans l'Europe.

EUGÉNIE.

Lequel des enfants de Noé est notre père?

JULIA.

C'est Japhet.

AUGUSTINE.

Voulez-vous bien me laisser encore regarder les cartes, et me dire ce que toutes ces écritures et ces lignes signifient ?

MADEMOISELLE BONNE.

Volontiers, ma chère. L'étude de la carte s'appelle la *géographie* ; et tous les jours nous en dirons quelque chose ; retenez bien les quatre côtés du monde, et ses cinq parties, jusqu'à la première leçon.

EUGÉNIE.

Il y a dans la fable plusieurs choses qui ressemblent à l'Histoire sainte. Par exemple : l'âge d'or, le déluge, l'entreprise des géants, etc.

MADEMOISELLE BONNE.

Je vais vous instruire là dessus. Après le déluge, les hommes ne savaient pas encore écrire, ainsi il n'existait point de livres.

CHARLOTTE.

Comment donc avons-nous pu savoir l'histoire d'Adam, puisqu'on ne l'a pas écrite.

MADEMOISELLE BONNE.

Adam conta son histoire à ses enfants, ses enfants l'apprirent à Noé, Noé l'a dite à ses fils, et il leur recommanda de l'apprendre aussi à leurs enfants. Sem, qui était bien soumis à son père, lui obéit, et jamais ses enfants ne l'oublièrent ; mais Cham et Japhet n'y pensèrent pas beaucoup. Les quatre fils de Japhet vinrent demeurer dans un pays qu'on appelait la Grèce, et on les nomma *Grecs* ; or les Grecs aimaient beaucoup les contes et les fables, et ils en composaient sur tout ce qui arrivait. Au lieu de rapporter les histoires comme leurs pères les leur avaient apprises, ils en firent des fables, et voici celles qu'ils imaginèrent à l'occasion de la tour de Babel. Mais, avant de vous instruire de cette fable, il faut que je vous apprenne que les Grecs étaient des méchants, qui, au lieu d'adorer le bon Dieu, adoraient les hommes et avaient une religion extravagante. Il y avait eu plusieurs rois nommés *Jupiter*, ils firent un dieu de ces rois, et toutes les bonnes et les mauvaises actions dont ceux-ci furent les auteurs, ils disaient qu'elles avaient été accomplies par une seule personne, qui était *Jupiter*, roi du ciel.

Les Grecs prétendaient encore que les géants étaient de grands hommes, grands comme cette maison, et qu'ils eurent envie de chasser *Jupiter* du ciel ; mais comme ils n'avaient pas une échelle assez grande pour cela, ils prirent les plus hautes montagnes, et, les mettant les unes sur les autres, ils en firent un escalier, mais Jupiter tua ses ennemis à coups de tonnerre ; et ceux qui ne furent pas tués, il mit sur leurs corps ces hautes montagnes qu'ils avaient apportées. Vous comprenez bien, mes enfants, que ce récit n'est pas vrai.

AUGUSTINE.

A merveille. Ces montagnes, cela veut dire les pierres dont les enfants de Noé faisaient une tour, et ce tonnerre, cela peut montrer comment Dieu les punit, en leur faisant oublier leur langage pour en parler un autre.

MADEMOISELLE BONNE.

Voilà ce qui s'appelle une fille intelligente, puisque vous comprenez cette fable, je vais vous dire une autre folie des Grecs. Savez-vous ce que c'est qu'un tremblement de terre ?

SIDONIE.

Non, bonne amie.

MADEMOISELLE BONNE.

Eh bien ! il arrive quelquefois que, tout d'un coup, la terre s'ébranle sous nos pieds, et fait bouger les maisons ; les Grecs disaient que la terre tremblait toutes les fois que les géants qui étaient sous les montagnes tâchaient d'en sortir.

EUGÉNIE.

C'est bien fou. Mais, qu'est-ce qui fait trembler la terre ?

MADEMOISELLE BONNE.

J'ai ouï dire que ce sont de grands feux souterrains ou des vents renfermés dans la terre, qui font effort pour sortir, et qui, quelquefois, s'ouvrent un passage, sortent et se dilatent.

SIDONIE, joignant les mains.

Je mourrais de peur s'il y avait un tremblement de terre à Paris, nous serions tous brûlés.

MADEMOISELLE BONNE.

Ne craignez pas cela, ma chère. Il y a trois pays surtout, en Europe, où l'on trouve des montagnes qui jettent du feu. On appelle de semblables montagnes des *volcans* ; mais le feu qui sort des volcans n'empêche pas qu'il n'y ait auprès d'elles des habitants.

Il y a un volcan dans l'Italie, près de la ville de Naples, et il est sur le haut d'une grande montagne nommée le Vésuve. Il y en a un autre dans l'île de Sicile, sur une grande montagne qu'on appelle Etna ; un autre dans l'île d'Islande, sur la montagne l'Hécla.

AUGUSTINE.

Qu'est-ce qu'une île, s'il vous plaît?

MADEMOISELLE BONNE.

Je serais charmée de vous l'apprendre aujourd'hui ; mais il est sept heures passées, il faut nous quitter : ce sera pour la prochaine fois. Adieu, mes bons enfants. Continuez à être bien sages, je recommande cela surtout à Charlotte. Si elle se corrige d'ici à la prochaine réunion, nous aurons un joli conte.

Loth et sa famille quittant Sodome

DIALOGUE VII.

CINQUIÈME JOURNÉE.

MADEMOISELLE BONNE.

Bonjour, mes chères enfants, attendez un peu, je veux regarder Charlotte entre les deux yeux... Je gage qu'elle n'a pas fait beaucoup de sottises, car elle a l'air bien content.

CHARLOTTE.

J'ai commencé beaucoup de sottises, mais je n'en ai pas fini une seule. Hier, j'ai dit à ma bonne : « Vous êtes une imper... » et puis je me suis arrêtée tout d'un coup. Une autre fois, j'ai levé la main pour la battre, mais je ne l'ai pas fait.

MADEMOISELLE BONNE.

Je vous l'avais bien prédit, ma chère, que vous vous corrigeriez. Cela ira de mieux en mieux, j'en suis certaine. Puisque vous m'avez tenu parole, il est juste que je remplisse ma promesse. Allons nous asseoir sous les arbres, dans le jardin, je vous dirai le conte que je vous ai annoncé.

LE PRINCE CHARMANT

CONTE.

Il y avait une fois un prince qui n'avait que seize ans lorsqu'il perdit son père. Ce prince fut un peu triste, et puis le plaisir d'être roi le consola bientôt. Le jeune souverain, qui se nommait *Charmant*, n'avait pas un mauvais cœur, mais il avait été élevé en prince, c'est-à-dire habitué à faire sa volonté ; et cela l'aurait sans doute rendu méchant par la suite. Il commençait déjà à se fâcher quand on lui faisait voir qu'il s'était trompé. Il négligeait les affaires pour se livrer à ses plaisirs ; surtout il aimait si passionnément la chasse, qu'il y passait presque toutes les journées.

Pourtant, il avait un bon gouverneur qu'il aimait beaucoup étant jeune ; mais lorsqu'il fut devenu roi, il pensa que ce gouverneur était trop vertueux. « Je n'oserai jamais suivre mes fantaisies devant lui, disait-il en lui-même. Quand même il ne me blâmerait pas, il serait triste, et je reconnaîtrais à son visage qu'il serait mécontent de moi ; il faut l'éloigner, car il me gênerait. » Le lendemain, Charmant assembla son conseil, donna de grandes louanges à son gouverneur, et dit que, pour le récompenser du soin qu'il avait eu de lui, il lui accordait le gouvernement d'une province qui était fort éloignée de la cour.

Quand le gouverneur fut parti, Charmant se plongea dans les délices et se livra à la chasse, qu'il aimait avec fureur. Un jour qu'il était dans une grande forêt, il vit passer une biche blanche comme la neige ; elle avait un collier d'or au cou, et lorsqu'elle fut proche du prince, elle le regarda fixement et ensuite elle s'éloigna. « Je ne veux pas qu'on la tue », s'écria Charmant. Il commanda donc à ses gens de rester là avec les chiens, et il suivit la biche. Il semblait qu'elle l'attendait ; puis, lorsqu'il était près d'elle, elle s'éloignait en sautant et en gambadant. Il avait tant envie de la prendre, qu'en la suivant, il fit beaucoup de chemin sans y penser. La nuit vint, et il perdit la biche de vue. Le voilà bien embarrassé : car il ne sait où il est. Tout à coup il entendit des instruments, mais ils paraissaient être bien loin. Il suivit ce bruit agréable, et arriva enfin à un grand château, où l'on donnait le plus beau concert. Le portier demanda au roi ce qu'il voulait, et le prince lui conta son aventure.

« Soyez le bienvenu, lui dit cet homme, on vous attend pour souper ; car la biche blanche appartient à ma maîtresse ; et toutes les fois qu'elle la fait sortir, c'est pour lui amener compagnie. » En même temps, le portier siffla, et plusieurs domestiques parurent avec des flambeaux et conduisirent le prince dans un appartement bien éclairé. Les meubles de cet appartement n'étaient pas magnifiques, mais tout était propre et bien arrangé. Aussitôt, apparut la maîtresse de la maison. Le prince fut ébloui de sa beauté et se jeta à ses pieds. « Levez-vous, mon prince, lui dit-elle en lui donnant la main. Vous me paraissez si aimable, que je souhaite de tout mon cœur que vous soyez celui qui doit me tirer de ma solitude. Je m'appelle *Vraie-Gloire*, et je suis immortelle. Je vis dans ce château depuis le commencement du monde, en attendant un mari. Un grand nombre de rois sont venus me voir ; mais quoiqu'ils m'eussent juré une fidélité éternelle, ils m'ont abandonnée pour la plus cruelle de mes ennemies. » « Ah! belle princesse, s'écria Charmant, peut-on vous oublier quand on vous a vue une fois ? Je jure de n'aimer jamais que vous ; dès ce moment, je vous choisis pour reine. » « Et moi je vous accepte pour roi, répondit Vraie-Gloire ; mais il ne m'est pas permis de vous épouser encore. Je vais vous faire voir un autre prince qui est dans mon palais, et qui prétend, aussi m'épouser. Si j'étais la maîtresse, je vous donnerais la préférence, mais cela ne dépend pas de moi. Il faut que vous me quittiez pendant trois ans, et celui des deux qui me sera le plus fidèle pendant ce temps aura la préférence. »

Charmant fut très affligé de ces paroles ; mais il le fut bien davantage quand il vit le prince dont Vraie-Gloire lui avait parlé et qui s'appelait *Absolu*. Ce dernier était si beau, il avait tant d'esprit que le jeune roi craignit que Vraie-Gloire ne l'aimât plus que lui. Ils soupèrent tous les deux avec Vraie-Gloire, et furent bien tristes quand il fallut la quitter le matin. Elle leur dit qu'elle les attendrait pendant trois ans, et ils sortirent ensemble du palais. A peine avaient-ils marché deux cents pas dans la forêt, qu'ils virent un palais bien plus magnifique que celui de Vraie-Gloire : l'or, l'argent, le marbre, les diamants éblouissaient les yeux ; les jardins en étaient superbes, et la curiosité engagea les princes à y entrer. Ils furent bien surpris d'y trouver leur princesse, mais elle avait changé d'habits, sa robe était toute garnie de diamants, ses cheveux en étaient ornés, au lieu que la veille, sa parure n'était qu'une robe blanche garnie de fleurs. « Je vous montrai hier ma maison de campagne, leur dit-elle. Elle me plaisait autrefois ; mais puisque j'ai deux princes pour prétendus, je ne la trouve plus digne de moi. Je l'ai abandonnée pour toujours et je vous attendrai dans ce palais. » En même temps, elle fit passer les deux jeunes gens dans une grande salle. « Je vais vous montrer, leur dit-elle, les portraits de plusieurs princes qui ont été mes préférés : en voilà un qu'on nommait *Alexandre*, que j'aurais épousé, mais il est mort trop jeune. Ce prince, avec un fort petit nombre de troupes, ravagea toute l'Asie et s'en rendit maître. Voyez cet autre : on le nommait *Pyrrhus*. Le désir de devenir mon époux l'a engagé à quitter son royaume pour en acquérir d'autres ; il courut toute sa vie, et fut tué malheureusement d'une tuile qu'une femme lui jeta sur la tête. Celui-ci se nommait *Jules-César* : pour mériter mon cœur, il a fait, pendant dix ans, la guerre dans les Gaules ; il a vaincu Pompée et soumis les Romains. Il eût été mon époux ; mais ayant, contre mon conseil, pardonné à ses ennemis, ils lui donnèrent vingt-deux coups de poignard. »

La princesse leur montra encore un grand nombre de portraits, et leur ayant donné un superbe déjeuner, qui fut servi dans des plats d'or, elle engagea les deux princes à continuer leur voyage. Quand ils furent sortis du palais, Absolu dit à Charmant : « Avouez que la princesse était mille fois plus aimable aujourd'hui avec ses beaux habits qu'elle n'était hier, et qu'elle montrait aussi beaucoup plus d'esprit. » « Je ne sais, répondit Charmant ; elle avait du fard aujourd'hui, elle m'a paru changée, à cause de ses beaux habits ; mais assurément elle me plaisait davantage sous son vêtement de bergère. » Ils se séparèrent et s'en retournèrent dans leurs royaumes, bien résolus à faire tout ce qu'ils pourraient pour plaire à leur fiancée.

Quand Charmant fut dans son palais, il se ressouvint qu'étant petit son gouverneur lui avait parlé de Vraie-Gloire, et il dit en lui-même : « Puisqu'il connaît la princesse, je veux le faire revenir à ma cour ; il m'apprendra comment je dois me conduire pour la mériter. » Aussitôt que le gouverneur, qu'on nommait Sincère, fut arrivé, il le manda dans son cabinet, et lui raconta ce qui lui était arrivé. Le bon Sincère, pleurant de joie, dit au roi :« Ah! mon prince, que je suis content d'être revenu ! Il faut que je vous apprenne que votre fiancée a une sœur, qu'on nomme *Fausse-Gloire*. Cette méchante créature n'est pas si belle que Vraie-Gloire, mais elle se farde pour cacher ses défauts. Elle attend tous les princes qui sortent de chez Vraie-Gloire, et comme elle ressemble à sa sœur, elle les trompe. Ils croient travailler pour Vraie-Gloire, et ils se perdent en suivant les conseils de sa sœur. Vous avez vu que tous les amis de Fausse-Gloire périssent misérablement. Le prince Absolu, qui va suivre leur exemple, ne vivra que jusqu'à trente ans ; mais si vous vous conduisez par mes conseils, je vous promets qu'à la fin, vous serez l'époux de votre princesse. Elle doit être mariée au plus grand roi du monde : travaillez à le devenir. »

« Mon cher Sincère, répondit Charmant, tu sais que cela n'est pas possible. Quelque grand que soit mon royaume, mes sujets sont si ignorants, si grossiers, que je ne pourrai jamais les engager à faire la guerre : or, pour devenir le plus grand roi du monde, ne faut-il pas gagner un grand nombre de batailles et prendre beaucoup de villes? » « Ah ! mon prince, repartit Sincère, quand vous n'auriez pour tout bien qu'une seule ville et deux ou trois cents sujets, et que vous ne feriez jamais la guerre, vous pourriez devenir le plus grand roi du monde : il ne faut pour cela qu'être le plus juste et le plus vertueux ; c'est là le moyen d'acquérir la princesse Vraie-Gloire. Ceux qui prennent les royaumes de leurs voisins, qui, pour bâtir de beaux châteaux, acheter de beaux habits et beaucoup de diamants, foulent leurs peuples, sont trompés, et ne trouveront que la princesse Fausse-Gloire, qui alors n'aura plus son fard, et leur paraîtra dans toute sa difformité. Vous dites que vos sujets sont grossiers et ignorants, il faut les instruire. Faites la guerre à l'ignorance et au crime ; combattez vos passions, et vous serez un grand roi et un conquérant au-dessus de César, de Pyrrhus, d'Alexandre et de tous les héros dont Fausse-Gloire vous a montré les portraits. »

Charmant résolut de suivre les conseils de son gouverneur. Pour cela, il pria un de ses parents de commander dans son royaume pendant son absence, puis il partit avec son gouverneur, afin de voyager dans tout le monde et de s'instruire par lui-même de tout ce qu'il fallait faire pour rendre ses sujets heureux. Quand il trouvait dans un royaume un homme sage ou habile, il lui disait : « Voulez-vous venir avec moi, je vous donnerai beaucoup d'or. » Quand le prince fut bien instruit, et qu'il eut un grand nombre de gens de mérite, il retourna dans son royaume et les chargea d'éclairer ses sujets. Il fit bâtir de grandes villes et quantité de vaisseaux ; il faisait apprendre à travailler aux jeunes gens, nourrissait les pauvres malades et les vieillards, rendait lui-même la justice à ses peuples, en sorte qu'il les rendit honnêtes gens et heureux. Il passa deux ans dans ce travail, et au bout de ce temps, il dit à Sincère : « Croyez-vous que je sois bientôt digne de Vraie-Gloire? » « Il vous reste encore un grand ouvrage à faire, lui répondit son gouverneur. Vous avez vaincu les vices de vos sujets, votre paresse, votre amour pour les plaisirs, mais vous êtes encore l'esclave de votre colère ; c'est le dernier ennemi qu'il faut combattre. »

Charmant eut beaucoup de peine à se corriger de ce dernier défaut, mais il fit les plus grands efforts pour devenir doux et patient. Il y réussit, et, les trois ans étant passés, il se rendit dans la forêt où il avait vu la biche blanche : il n'avait pas mené avec lui un grand équipage, le seul Sincère l'accompagnait. Il rencontra bientôt Absolu dans un char superbe. Ce dernier avait fait peindre sur le char les batailles qu'il avait gagnées, les villes qu'il avait prises, et il forçait à marcher devant lui plusieurs princes qu'il avait faits prisonniers, et qui étaient enchaînés comme des esclaves. Dans le même moment, ils virent les palais des deux sœurs, qui n'étaient pas fort éloignés l'un de l'autre. Charmant prit le chemin du premier, et Absolu en fut charmé, parce que celle qu'il choisissait pour sa princesse lui avait dit qu'elle n'y retournerait jamais.

Mais à peine eut-il quitté Charmant, que la princesse Vraie-Gloire, mille fois plus belle, mais toujours aussi simplement vêtue que la première fois qu'il l'avait vue, s'élança vers le second: « Venez, mon prince, lui dit-elle ; grâce à votre ami Sincère, qui vous a appris à me distinguer de ma sœur, vous êtes digne d'être mon époux. » Alors Vraie-Gloire commanda aux Vertus qui sont ses sujettes de faire une fête pour célébrer son mariage avec Charmant. Pendant que celui-ci s'occupait du bonheur qu'il allait avoir d'être l'époux de cette princesse, Absolu arriva chez Fausse-Gloire, qui le reçut parfaitement bien, et lui offrit de l'épouser sur-le-champ. Il y consentit ; mais à peine fut-elle sa femme, qu'il s'aperçut en la regardant de près qu'elle était vieille et ridée, quoiqu'elle n'eût pas oublié de mettre beaucoup de blanc et de rouge pour cacher ses rides. Pendant qu'elle lui parlait, un fil d'or qui attachait ses fausses dents se rompit et elles tombèrent à terre. Le prince Absolu était si fort en colère d'avoir été trompé, qu'il se jeta sur elle pour la battre ; mais comme il l'avait prise par de beaux cheveux noirs qui étaient fort longs, il fut fort étonné qu'ils lui restassent dans la main ; car Fausse-Gloire portait une perruque ; et comme elle resta nu-tête, il vit qu'elle n'avait qu'une douzaine de cheveux ; et encore ils étaient tout blancs. Absolu laissa cette méchante et laide créature, et courut au palais de Vraie-Gloire, qui venait d'épouser Charmant. La douleur qu'il eut d'avoir perdu cette princesse fut si grande, qu'il en mourut. Charmant plaignit son malheur, et vécut longtemps avec Vraie-Gloire. Il en eut plusieurs filles, mais une seule ressemblait parfaitement à sa mère. Il la mit dans le château champêtre, en attendant qu'elle pût trouver un époux ; et pour empêcher la méchante tante de cette enfant de lui enlever ses prétendants, il écrivit sa propre histoire, afin d'apprendre aux princes qui voudraient avoir sa fille pour femme , que le seul moyen d'épouser Vraie-Gloire serait de travailler à se rendre vertueux et utiles à leurs sujets, et que, pour réussir dans ce dessein, ils avaient besoin d'un ami sincère.

EUGÉNIE.

Ce conte me fait penser bien des choses. Je pense d'abord que j'ai fait comme le prince Absolu ; j'ai pris Fausse-Gloire pour Vraie-Gloire. Je croyais me faire estimer pour mon esprit et je ne savais pas qu'il me rendait haïssable, si je n'étais pas bonne en même temps. Je pense aussi que le prince Charmant ressemble à Pierre le Grand, empereur de toutes les Russies, dont j'ai lu l'histoire dans un beau livre.

MADEMOISELLE BONNE.

Et tout cela est parfaitement pensé. Voyez-vous, mes enfants, nous aimons toutes à être estimées, louées, c'est-à-dire, que nous sommes amoureuses de Belle-Gloire, ce qui est fort bien. Mais il faut nous mettre dans l'esprit ce que je vous répéterai encore : on ne nous estime que pour l'amour de notre vertu, et non pas pour notre argent, pour nos beaux habits, pour nos titres. Travaillons donc à être vertueux, mes bons enfants ; il n'y a que cela de nécessaire, et pour cette vie et pour l'autre. Allons, Sidonie, dites-nous votre histoire.

SIDONIE.

Parmi les enfants de Sem, il y eut, longtemps après le déluge, un homme qu'on appelait *Abraham*. Il aimait beaucoup le bon Dieu, et Dieu l'aimait aussi beaucoup. Il vint demeurer dans le pays de *Chanaan*, avec Sara, sa femme, et Loth, son neveu. Dieu avait promis à Abraham, qui était fort vieux, de le rendre père d'un grand peuple ; et, quoiqu'il n'eût pas d'enfants, il crut ce que le bon Dieu lui promettait. Abraham et son neveu Loth devinrent fort riches, car ils avaient un grand nombre de bœufs, de moutons et de valets. Un jour les valets d'Abraham et ceux de Loth eurent une violente dispute ensemble, et Abraham, qui savait qu'on fait un péché quand on se querelle, dit à Loth : « Mon frère, je ne voudrais pas de querelle ; ainsi, il faut nous séparer. Voilà deux pays, choisissez ; j'irai demeurer dans celui que vous ne voudrez pas. » Loth, au lieu de dire à Abraham : « Mon oncle, je ne veux point vous quitter et je défendrai à mes domestiques de quereller les vôtres », choisit le plus beau pays, et alla demeurer dans une ville qu'on appelait Sodome ; mais tous les gens qui habitaient ce pays étaient bien méchants. Un jour que Loth était sur sa porte, il vit venir deux jeunes hommes. Comme il avait appris chez son oncle Abraham à être charitable, Loth dit à ces deux hommes : « Il est presque nuit, je vous prie de souper et coucher dans ma maison. » Les jeunes hommes entrèrent. Mais les habitants de cette ville, qui voulaient maltraiter ces étrangers, vinrent à la porte de Loth, et lui dirent qu'ils le feraient mourir s'il ne les mettait pas dehors. Loth eut bien peur ; cependant, il répliqua à ces méchants : « Vous pouvez me faire tout le mal que vous voudrez, mais je ne renverrai pas mes hôtes. » En même temps, les deux hommes lui dirent : « N'ayez point peur, nous sommes des anges, et Dieu nous a envoyés pour vous dire de sortir de la ville, parce qu'il veut punir ce peuple pervers. Sortez donc avec votre femme et vos filles, mais surtout ne regardez pas derrière vous, car Dieu vous punira si vous lui désobéissez. » Aussitôt Loth et sa famille quittèrent Sodome, et les anges marchèrent devant eux. Quand ils furent un peu loin, ils entendirent un bruit terrible, et la femme de Loth, qui était curieuse, tourna la tête pour voir d'où venait ce bruit ; elle vit qu'il tombait une pluie de feu qui brûlait tous les méchants hommes ; mais comme elle désobéissait à Dieu, elle fut changée en une statue de sel. Son mari et ses filles furent plus sages qu'elle : ils ne regardèrent point ; et les anges les laissèrent sur une montagne, d'où ils virent brûler Sodome et plusieurs autres villes, dont les peuples étaient aussi fort méchants.

MADEMOISELLE BONNE.

Cela nous apprend qu'il ne faut pas désobéir à Dieu. Il ne brûle pas aujourd'hui tous les méchants, mais ceux qu'il ne punit pas pendant qu'ils vivent, il les punira d'une manière bien terrible après leur mort. Dieu compte nos mauvaises actions, et ceux qui ne lui en demandent pas pardon de tout leur cœur, il les rendra très misérables en cette vie ou en l'autre. Voyez aussi, mes enfants, combien il faut s'efforcer de vivre avec des honnêtes gens. Si Loth n'eût pas quitté Abraham, il n'eût pas perdu sa femme. Il fut sauvé, parce qu'en demeurant avec Abraham, il avait pris la bonne habitude d'être charitable. Il faut donc chercher à être amies des jeunes personnes qui sont bonnes, charitables, obéissantes, et fuir comme la peste la compagnie de celles qui voudraient vous donner de mauvais exemples. Allons, Augustine, dites-nous l'histoire que vous avez apprise.

AUGUSTINE.

Un jour qu'Abraham était devant sa tente, il vit venir trois voyageurs. Il alla au-devant d'eux, et leur dit : « Je vous prie, faites-moi l'honneur de vous arrêter ici pour manger. » Les étrangers lui dirent : « Nous le voulons bien. » Alors Abraham pria sa femme de préparer du pain et des gâteaux, et il commanda à ses valets d'apprêter de l'eau pour laver les pieds des étrangers et de la viande pour le dîner. Après que ces inconnus eurent mangé, ils dirent à Abraham : « Où est votre femme ? » Abraham leur répondit : « Elle est dans sa tente. » Et ces trois étrangers, qui étaient des anges , lui dirent que Sara aurait bientôt un fils. Quand Sara entendit cela, elle se mit à rire, parce qu'elle était très vieille, et que ce n'est pas la coutume que les vieilles femmes aient des enfants. Les anges ajoutèrent : « Pourquoi riez-vous ? Dieu n'est-il pas le maître de vous donner un fils, lui qui est le Tout-Puissant ? » Sara, toute honteuse, dit qu'elle n'avait pas ri. « Ah ! que cela est vilain de mentir, repartirent les anges ; demandez pardon à Dieu de cette mauvaise action. » En même temps, les anges s'en allèrent, et, quelque temps après, Sara eut un fils qu'elle nomma *Isaac*.

MADEMOISELLE BONNE.

Fort bien, ma bonne amie. Allons, Julia, faites quelques réflexions.

JULIA.

Je répéterai à ces demoiselles les réflexions que vous m'avez faites quand vous m'avez appris cette histoire. Abraham était un homme bien charitable, puisqu'il ne laissait passer aucun voyageur sans le prier d'entrer chez lui pour se reposer ; et Sara était bien modeste, puisqu'elle se tenait cachée dans sa tente.

CHARLOTTE.

Est-ce qu'Abraham n'avait point de maison, que Sara restait dans une tente ?

MADEMOISELLE BONNE.

Non, ma chère ; Abraham n'avait point de maison, quoiqu'il fût un grand seigneur qui avait plus de domestiques que le roi. Dans ce temps-là, pour être riche, il fallait posséder beaucoup de troupeaux. Abraham en avait une grande quantité, et il avait besoin de beaucoup d'herbe pour les nourrir ; ainsi, quand ses troupeaux avaient mangé toute l'herbe d'un endroit, on les menait dans un autre. Vous voyez bien qu'il ne devait pas avoir de maison ; on n'aurait pas pu l'emporter ; mais il avait des tentes qu'on changeait de place toutes les fois qu'on quittait un pays. Et puis, les dames de ce temps-là n'étaient point des paresseuses. Sara était comme une princesse, et pourtant elle prenait soin du ménage de son mari et faisait elle-même la cuisine ; les jeunes demoiselles menaient boire les moutons : tout le monde travaillait.

AUGUSTINE.

Mais cela ne serait pas joli si ma mère faisait elle-même la cuisine.

MADEMOISELLE BONNE.

Vous avez raison, ma chère ; mais si les dames ne doivent pas faire la cuisine, elles doivent du moins avoir soin de leur ménage, prendre garde aux domestiques, et penser qu'une honnête femme a le devoir d'être la première intendante de sa maison.

EUGÉNIE.

Mais, ma bonne, cela ne se peut pas : une dame n'en a pas le temps. Il faut qu'elle aille à la comédie, à l'opéra, dans le monde.

MADEMOISELLE BONNE.

Souvenez-vous bien de ce que je vais vous dire : Dieu ne vous a pas mis au monde pour jouer et courir les bals, les spectacles. On peut y aller quelquefois pour se délasser, mais celles qui ne font autre chose font fort mal, et Dieu les punira, parce qu'elles négligent leurs devoirs, et c'est un grand péché. Une femme est obligée d'avoir soin de ses enfants, de ses domestiques. Tout le mal qu'ils font pendant qu'elle n'y est pas Dieu lui en demandera compte. D'ailleurs, ma chère, c'est un grand péché de dépenser tant d'argent à des bagatelles ; il vaut mieux le donner aux pauvres et le conserver pour ses enfants.

EUGÉNIE.

Est-ce qu'on n'est pas maîtresse de dépenser son argent à sa fantaisie ?

MADEMOISELLE BONNE.

Dites-moi, ma chère, votre père a des fermiers qui vendent le blé et les fruits de ses terres ; ces fermiers sont-ils maîtres de l'argent qu'on leur donne pour ces blés, ces fruits?

EUGÉNIE.

Ils ne peuvent pas en être les maîtres, car toutes ces choses sont à mon père, et ils lui en doivent compte.

MADEMOISELLE BONNE.

Eh bien ! ma chère, nous sommes les fermiers du bon Dieu. Il nous donne de l'argent pour nous nourrir, nous habiller, pour élever nos enfants, payer les marchands, les domestiques et assister les pauvres ; et comme les fermiers sont obligés de rendre compte à leurs maîtres, de même le bon Dieu fera rendre compte aux riches de l'argent qu'il leur aura donné, et les punira s'ils le dépensent en folies. D'ailleurs, il faut être bien méchante pour dépenser tant d'argent pour ses plaisirs, pendant qu'il y a des pauvres qui n'ont pas un morceau de pain, d'autres qui n'ont point de lit, d'autres qui meurent de froid en hiver, d'autres qui sont sans chemises et qui manquent d'ouvrage pour gagner de l'argent!

AUGUSTINE.

Ah ! mon Dieu, cela me fait pitié ; prenez tout mon argent pour soulager ces pauvres gens.

MADEMOISELLE BONNE.

Venez m'embrasser, ma chère amie. Pour vous récompenser, nous dirons quelque chose de la géographie, que vous aimez tant ; c'est pour cela que j'ai fait venir un plat d'eau.

Vous voyez ce plat, mesdemoiselles ; supposez que ce soit la mer, et tous les morceaux de carton que je vais mettre dessus seront la terre. Ces petits morceaux de cartes, environnés d'eau de tous côtés, nous les appellerons des *îles*. Voyez cet autre carton qui touche au bord du plat par un petit morceau : c'est presque une île ; nous le nommerons donc *presqu'île*. Ce grand morceau de carte, qui ne touche à l'eau que par un côté, nous l'appellerons une *terre ferme* ou un *continent* ; cette pointe qui s'avance dans l'eau, nous l'appellerons un *cap* ; et une terre fort élevée , nous l'appellerons *montagne*.

Voyons présentement sur cette carte géographique si vous trouverez bien chacun de ces objets.

AUGUSTINE.

La Grande-Bretagne, l'Irlande, ce sont des îles, car la mer est tout autour.

MADEMOISELLE BONNE.

Et de quel côté sont ces pays, ma chère ?

AUGUSTINE.

Tout en haut, et à gauche de la carte.

MADEMOISELLE BONNE.

Mais ce côté d'en haut et ce côté gauche ont des noms qu'il faut toujours dire.

AUGUSTINE.

Ces pays, ou ces îles, sont au nord, et en même temps à l'ouest de l'Europe.

MADEMOISELLE BONNE.

Fort bien, ma chère. Charlotte, cherchez une presqu'île.

CHARLOTTE.

L'Afrique, au sud de l'Europe, en est une sur cette carte.

MADEMOISELLE BONNE.

C'est bien ; comme il est tard, nous finirons là pour aujourd'hui.

Isaac et Abraham

DIALOGUE VIII.

SIXIÈME JOURNÉE.

CHARLOTTE.

Bonjour, mademoiselle Bonne ; j'ai été raisonnable presque tout à fait, et tout le monde, dans la maison, me fait tant d'amitiés, que je me trouve heureuse comme une reine.

MADEMOISELLE BONNE.

Vous dites que vous êtes heureuse comme une reine ; vous croyez donc que toutes les reines sont heureuses ? Il me prend envie de vous raconter une fable à ce sujet.

LA VEUVE ET SES DEUX FILLES

Fable.

Il y avait une veuve assez bonne femme qui avait deux filles, toutes deux fort aimables : l'aînée se nommait *Blanche*, la seconde *Vermeille*. On leur avait donné ces noms, parce qu'elles avaient, l'une, le plus beau teint du monde, et la seconde, des joues roses et des lèvres vermeilles comme du corail. Un jour, la bonne femme étant près de sa porte, à filer, vit une pauvre vieille qui avait bien de la peine à se traîner avec son bâton. « Vous êtes bien fatiguée, dit la première ; asseyez-vous un moment pour vous reposer. » et aussitôt, elle dit à ses filles de donner une chaise à cette femme. Elles se levèrent toutes les deux ; mais Vermeille courut plus fort que sa sœur, et apporta la chaise. « Voulez-vous boire un coup ? » demanda la bonne femme à la vieille. « De tout mon cœur, répondit celle-ci ; il me semble même que je mangerais bien un morceau. » « Je vous offrirai tout ce qui est en mon pouvoir, répondit la mère, mais comme je suis pauvre, ce ne sera pas grand'chose. » En même temps elle fit servir par ses filles la pauvre vieille qui se mit à table ; cette dernière commanda à l'aînée d'aller cueillir quelques prunes sur un prunier qu'elle avait planté elle-même.

Blanche, au lieu d'obéir de bonne grâce à sa mère, murmura contre cet ordre. Elle n'osa pourtant pas refuser d'apporter quelques prunes, mais elle les donna de mauvaise grâce et à contre-coeur. « Et vous, Vermeille, dit la bonne femme à la seconde de ses filles, vous n'avez pas de fruits à présenter à cette bonne dame, car vos raisins ne sont pas mûrs. » « Il est vrai, répliqua Vermeille, mais j'entends ma poule qui chante, elle vient de pondre Un œuf, et si madame veut l'avaler tout chaud, je le lui offre de tout mon cœur.» Sans attendre la réponse de la vieille, elle courut chercher son œuf; mais, dans le moment qu'elle le présentait à cette femme, elle disparut, et l'on vit à sa place une belle dame, qui dit à la mère : « Je vais récompenser vos deux filles selon leur mérite. L'aînée deviendra une grande reine, et la seconde une fermière ; » et, en même temps, ayant frappé la maison de son hâton, on vit à la place de cette maison une jolie ferme. « Voilà votre partage, dit-elle à Vermeille. Je sais que je vous donne à chacune ce que vous aimez le mieux. »

La fée s'éloigna, et la mère aussi bien que les deux filles restèrent fort étonnées. Elles entrèrent dans la ferme, et furent charmées de la propreté des meubles. Les chaises de bois étaient si bien essuyées qu'on s'y voyait comme dans un miroir. Les lits étaient de toile blanche comme la neige. Il y avait dans les étables vingt moutons, autant de brebis, quatre bœufs, quatre vaches ; et dans la cour toutes sortes d'animaux, comme des poules, des canards , des pigeons et autres. Il y avait aussi un joli jardin rempli de fleurs et de fruits. Blanche n'était occupée que du plaisir qu'elle aurait à être reine. Tout d'un coup elle entendit passer des chasseurs, et, étant allée sur la porte pour les voir, elle parut si belle aux yeux du roi qu'il résolut de l'épouser. Blanche étant devenue reine dit à sa sœur Vermeille : « Je ne veux pas que vous soyez fermière ; venez avec moi, ma sœur, je vous ferai épouser un grand seigneur. » « Je vous suis bien obligée, ma sœur, répondit Vermeille ; je suis accoutumée à la campagne, et je veux y rester. »

La reine Blanche partit donc. Les premiers mois, elle fut si occupée de ses beaux habits, des bals, des comédies, qu'elle ne pensait pas à autre chose. Mais bientôt elle s'accoutuma à tout cela, et rien ne la divertissait plus ; au contraire, elle eut de grands chagrins : toutes les dames de la cour lui rendaient de grands respects quand elles étaient devant elle, mais elle savait qu'elles ne l'aimaient pas, et qu'elles disaient : « Voyez cette petite paysanne, comme elle fait la grande dame ! le roi a le cœur bien bas d'avoir pris une telle femme.» Ce discours fit faire des réflexions au roi. Il pensa qu'il avait eu tort d'épouser Blanche. Quand on vit que le roi n'aimait plus sa femme, on commença à ne rendre à Blanche aucun devoir. Elle était très malheureuse ; car elle n'avait pas une seule bonne amie à qui elle pût conter ses chagrins.

Elle voyait que c'était la mode de trahir ses amis par intérêt, de faire bonne mine à ceux que l'on haïssait, et de mentir à tout moment. Il fallait être sérieuse, parce qu'on lui disait qu'une reine doit avoir un air grave et majestueux et se soumettre aux règles de la plus ennuyeuse étiquette. On donna des gouvernantes à ses enfants, qui les élevaient tout de travers, sans qu'elle eût la liberté d'y trouver à redire. La pauvre Blanche se mourait de chagrin. Elle n'avait pas vu sa sœur depuis trois ans qu'elle était reine, parce qu'elle pensait qu'une personne de son rang serait déshonorée en allant rendre visite à une fermière ; mais, se voyant accablée de mélancolie, elle résolut d'aller passer quelques jours à la campagne pour se désennuyer.

Elle arriva sur le soir à la ferme de Vermeille, et elle vit de loin devant la porte une troupe de bergers et de bergères qui dansaient et se divertissaient de tout leur cœur. « Hélas ! dit la reine en soupirant, où est le temps où je me réjouissais comme ces pauvres gens ? personne n'y trouvait à redire. » D'abord qu'elle parut, sa sœur accourut pour l'embrasser. Vermeille avait l'air content. Elle avait épousé un jeune paysan qui n'avait pas de fortune ; mais il se souvenait toujours que sa femme lui avait donné ce qu'il possédait, et il cherchait par ses manières complaisantes à lui en marquer sa reconnaissance. Vermeille n'avait pas beaucoup de domestiques, mais ils l'aimaient comme s'ils eussent été ses enfants, parce qu'elle les traitait bien. Tous ses voisins la chérissaient aussi. Elle n'avait pas beaucoup d'argent, mais elle n'en avait pas besoin ; car elle recueillait dans ses terres, du blé, du vin et de l'huile. Ses troupeaux lui fournissaient du lait, dont elle faisait du beurre et du fromage. Elle filait la laine de ses moutons pour se faire des habits, aussi bien qu'à son mari et à deux enfants qu'elle avait. Ils se portaient à merveille, et le soir, quand le temps du travail était passé, ils se divertissaient à toutes sortes de jeux.

« Hélas ! s'écria la reine, la fée m'a fait un mauvais présent en me donnant une couronne. On ne trouve point la joie dans les palais magnifiques, mais dans les occupations innocentes de la campagne. » A peine eut-elle prononcé ces paroles que la fée parut : « Je n'ai pas prétendu vous récompenser en vous faisant reine, lui dit la fée ; mais vous punir, parce que vous m'avez donné vos prunes à contre-cœur. Pour être heureux, il faut comme votre sœur, ne posséder que les choses nécessaires, et n'en point souhaiter davantage. » « Ah ! madame, reprit Blanche, vous êtes assez vengée, finissez mon malheur. » « Il est fini, reprit la fée. Le roi, qui ne vous aime plus, vient d'épouser une autre femme, et demain ses officiers viendront vous ordonner de sa part de ne point retourner à son palais. » Cela arriva comme la fée l'avait prédit. Blanche passa le reste de ses jours à la ferme, et elle eut toutes sortes de contentements : elle ne pensait jamais à la cour que pour remercier la fée de l'avoir ramenée au village.

JULIA.

J'ai beaucoup désiré être bergère ; et il me semble que je ne souhaiterais rien, si j'avais une jolie ferme comme Vermeille : mais, pour cela, il faudrait encore que j'y possédasse des livres.

MADEMOISELLE BONNE.

Sans aller vivre à la campagne, vous pouvez être heureuse partout où vous vous trouverez, si vous parvenez à vous défaire de ces trois défauts dont je viens de parler : l'ambition, la vanité et l'envie.

SIDONIE.

Qu'est-ce que l'ambition ?

MADEMOISELLE BONNE.

C'est le désir de commander à tout le monde ; et la vanité, c'est vouloir être loué pour la beauté, l'esprit, les richesses, les beaux habits. Demandez à Eugénie combien sa vanité l'a rendue malheureuse.

EUGÉNIE.

J'en ai encore beaucoup, et cela m'a fait faire une grande faute depuis que je vous ai vue ; je veux vous la dire devant ces demoiselles pour me corriger.

MADEMOISELLE BONNE.

Vous avez raison, ma bonne amie ; le vrai moyen de se corriger des fautes est de les avouer.

EUGÉNIE.

Nous étions hier en soirée chez madame D.... . Cette dame est âgée ; elle me demanda à quoi je m'occupais. « Je lis Quinte-Curce ? » lui ai-je répondu. « Qu'est-ce que Quinte-Curce ? » a repris cette dame. « Oh ! lui ai-je dit, c'est un fort beau livre, où l'on trouve la vie d'Alexandre-le-Grand. » Cette dame me répondit : « Je ne savais pas qu'il y eût un roi de notre pays qui se nommât Alexandre-le-Grand ; cependant, quand j'étais jeune, j'ai appris l'histoire moderne ; il est vrai que je l'ai oubliée. » Au lieu de répondre à cette dame, j'ai fait semblant de saigner du nez ; j'ai mis mon mouchoir devant mon visage, car j'étouffais à force de rire, et je suis allée dans une autre pièce, où j'ai conté à tout le monde l'ignorance de madame D... qui n'a jamais entendu parler d'Alexandre.

MADEMOISELLE BONNE.

Vous avez commis effectivement une grande faute, ma chère ; je gage que vous croyez avoir causé beaucoup de peine à cette dame.

EUGÉNIE.

Oui, mais quand j'ai fait cette sottise, c'était seulement par vanité, pour montrer à tout le monde que j'étais une fille raisonnable, qui lisais beaucoup.

MADEMOISELLE BONNE.

Je vous assure, ma chère, qu'on n'a point du tout pensé à cela. Nous avons été ce matin rendre visite à madame B.... Vous savez qu'elle a beaucoup d'esprit. « Que cette petite Eugénie est méchante ! m'a-t-elle dit ; elle s'est, hier, moquée cruellement de madame D.... C'est une honte pour cette pauvre demoiselle. » Vous voyez, ma chère, que votre amour-propre est un sot, qui, au lieu de vous faire paraître estimable, engage tout le monde à vous mépriser. Vous leur avez donné à croire que vous étiez méchante ; vous vous êtes fait beaucoup plus de mal que vous n'en avez causé à celle dont vous vous moquiez. Appliquez-vous donc à devenir bonne, charitable. Avant de parler, adressez-vous cette question : « Ne vais-je point dire une méchanceté ? » Au lieu de parler des défauts des autres, attachez-vous à faire remarquer leurs bonnes qualités, et alors tout le monde vous aimera. Présentement, Augustine va nous dire son histoire.

AUGUSTINE.

Abraham aimait tendrement son fils Isaac ; mais il aimait le bon Dieu encore davantage, comme cela est juste. Un jour, Dieu dit à Abraham : « Prenez votre fils et allez sur une grande montagne, pour me faire un sacrifice de votre enfant », c'est-à-dire pour lui couper la tête et ensuite brûler son corps, car, dans ce temps-là, on tuait des bêtes que l'on offrait au Seigneur, et, après cela, on les brûlait, et Dieu voulait Isaac au lieu d'une bête. Un autre qu'Abraham aurait dit en lui-même : « Dieu m'a promis de donner à mon fils un grand nombre d'enfants ; si j'obéis, cela ne pourra arriver. » Mais Abraham était bien plus sage, il ne raisonnait point quand Dieu lui commandait quelque chose, et savait fort bien que le Seigneur peut faire des choses qui nous paraissent impossibles. Abraham prit du bois puis ordonna à Isaac de le porter et, pendant qu'ils montaient la montagne, Isaac disait : « Mon père, nous avons du bois et du feu pour l'allumer, mais nous n'avons point de bête pour faire le sacrifice. » « Dieu y pourvoira », lui répondit Abraham ; mais quand ils furent au haut de la montagne, le dernier reprit : « Mon fils, c'est vous que je vais sacrifier à Dieu, car il me l'a commandé. » « Je le veux bien, dit Isaac, le bon Dieu m'a donné la vie, je dois la lui rendre, puisqu'il le veut. » Aussitôt Abraham fit un bûcher avec le bois, lia son fils sur ce bois, ensuite il prit son grand couteau, et leva le bras pour couper la tête à Isaac ; mais il vint un ange qui arrêta le bras du père et lui dit : « Ne tuez pas votre fils ; Dieu voulait voir seulement si vous seriez obéissant. » Abraham délia Isaac, et, dans le même temps, ils virent un bélier qui était pris par ses cornes dans un buisson. Ils saisirent ce bélier et le sacrifièrent au Seigneur, et ensuite ils retournèrent fort contents dans leur tente.

CHARLOTTE.

Mais c'est une mauvaise action que de tuer un homme ; comment Dieu commandait-il une mauvaise action ?

MADEMOISELLE BONNE.

Ce n'est pas toujours une mauvaise action de tuer un homme ; vous voyez qu'on en fait mourir bien souvent pour avoir volé. Quand on fait la guerre, les soldats tuent leurs ennemis sans commettre un péché. D'ailleurs, vous voyez que Dieu ne voulait pas qu'Isaac fût tué, et Abraham, qui savait que Dieu est bon et sage, disait en lui-même : « Puisque Dieu me commande cela, il n'y a point de mal, car Dieu n'ordonne jamais le péché ».

AUGUSTINE.

Si Dieu disait à ma mère de me tuer, je lui dirais que je le veux bien.

MADEMOISELLE BONNE.

Il ne dira pas cela à votre mère ; mais peut-être le dira-t-il à la fièvre, à la petite-vérole, ou à quelque autre maladie. S'il ne veut pas votre vie, peut-être voudra-t-il vos yeux, vos oreilles ou quelque autre partie de votre corps. Quand vous serez malade, il faut donc dire comme Isaac : « Mon Dieu, c'est vous qui m'avez donné la vie, s'il vous plaît de l'ôter par cette maladie, je le veux bien ». Il faut en dire autant quand on perd sa fortune et tout ce qu'on possède dans le monde, et penser : « Je suis sûr que le bon Dieu m'aime ; puisqu'il m'ôte ces choses, apparemment qu'elles ne valaient rien pour moi ; si elles eussent été bonnes, Dieu ne me les aurait pas ôtées, cela est bien certain. »

JULIA.

Si l'on pensait toujours ainsi, on n'aurait jamais de chagrin.

MADEMOISELLE BONNE.

Cela est vrai, ma chère ; c'est pour cette raison que nous voyons quelque-fois des personnes qui nous paraissent très malheureuses, et qui sont souvent fort contentes. Allons, Charlotte, dites-nous votre histoire.

CHARLOTTE.

Abraham voulant marier son fils Isaac, envoya un intendant à son frère Nachor, pour chercher une femme à Isaac. Quand l'intendant fut arrivé, il pria Dieu de faire réussir sou voyage, et dit : « Seigneur, montrez-moi la femme que vous voulez donner à mon jeune maître ; » et comme il s'était assis auprès d'un puits, il ajouta : « Les filles de la ville vont venir chercher de l'eau à la fontaine, je leur demanderai à boire ; inspirez à celle qui doit être la femme d'Isaac de me présenter honnêtement sa cruche, et de m'offrir aussi à boire pour mes cha-meaux. » En même temps les filles se montrèrent, et il y en avait une qui était fort belle. L'intendant s'approcha d'elle et la pria de lui donner à boire. « De tout mon cœur, » lui dit cette fille ; en même temps, elle baissa sa cruche, et lui dit : « Je veux aussi abreuver vos chameaux. » L'intendant lui demanda comment elle s'appelait. Elle lui répondit : « Je m'appelle Rebecca, mon grand-père se nomme Nachor. » Alors l'envoyé d'Abraham remercia Dieu, et fit présent à Rebecca d'une bague d'or et de belles boucles d'oreilles. Laban, frère de Rebecca, ayant vu ces présents, courut à la fontaine, et pria l'intendant de venir loger chez lui. Cet homme ne voulait ni boire ni manger qu'il n'eût fait sa commission. Il demanda Rebecca en mariage pour Isaac, ses frères y consentirent. Elle partit avec l'envoyé d'Abraham, et quand ils eurent marché bien longtemps, Rebecca vit un homme qui se promenait dans les champs : « C'est votre cousin Isaac », lui dit l'intendant, elle mit alors son voile sur sa tête et Isaac l'épousa bientôt ; il aima tellement Rebecca, qu'elle le consola un peu de la mort de Sara, mère de celui-ci.

SIDONIE.

Je voudrais savoir pourquoi Abrabam envoyait si loin pour chercher une femme à son fils. Est-ce qu'il n'y avait pas de filles dans le pays où il était ?

MADEMOISELLE BONNE.

Il y en avait, ma chère ; mais ces filles manquaient ou de vertu, ou de religion. Remarquez, mes enfants, ce que fit l'intendant d'Abraham : il pria Dieu de lui trouver une femme pour son maître. Cela nous apprend à nous adresser à Dieu dans tous nos besoins ; il est si bon qu'il ne s'offense pas de cette liberté. Il faut lui demander généralement toutes les choses qui nous sont nécessaires.

AUGUSTINE.

Mais le bon Dieu sait que nous avons besoin de ces choses.

MADEMOISELLE BONNE.

Cela ne fait rien. Dieu sait bien que nous avons besoin de pain, cependant Jésus-Christ nous ordonne de lui en demander chaque jour, dans la prière qu'il nous a enseignée. Ne dites-vous pas, tous les matins et tous les soirs, dans votre prière : « Donnez-nous notre pain quotidien, » c'est-à-dire le pain de tous les jours ?

JULIA.

Pour moi, je demande toujours au bon Dieu tout ce dont j'ai besoin. Quand je commence mes leçons, je le prie de me faire la grâce de bien apprendre. Lorsque mes parents sont malades, je prie Dieu de les guérir. Si j'ai envie d'avoir quelque chose, je le prie d'inspirer à ma mère de me le donner, et Dieu est si bon, qu'il m'accorde toujours tout ce que je lui demande.

MADEMOISELLE BONNE.

Conservez-bien cette habitude, ma chère. Accoutumons-nous, mes enfants, à regarder Dieu comme notre bon père et notre maître. Mais comme nous ne savons pas nos vrais besoins, et que nous pourrions demander des choses qui ne seraient pas bonnes pour nous, disons toujours : « Accordez-moi cette chose, Seigneur, si elle est bonne pour votre gloire et mon salut. » A présent, parlons de la géographie. La dernière fois, nous avons dit comment on désignait les différentes parties de la terre ; il faut apprendre aujourd'hui les noms qu'on donne aux différentes parties de l'eau.

Voyez-vous ce grand amas d'eau ? on l'appelle *Océan* ; on l'appelle aussi *Mer*, de l'amertume de son eau : il y en a quatre qui prennent leur nom des côtés ou points du monde où ils sont situés ; ce sont l'Océan septentrional, l'Océan méridional, l'Océan oriental et l'Océan occidental. On appelle *Golfe* une portion de l'Océan qui s'avance dans les terres. *Baie*, c'est un petit golfe. *Archipel*, une réunion d'îles. *Isthme* est une langue de terre qui joint une presqu'île au continent. *Détroit* est un passage d'une mer à une autre. *Lac*, est un amas d'eau entouré de terre ; et *Rivière*, une eau qui coule toujours. Comprenez-vous cela ?

CHARLOTTE.

Parfaitement : un golfe est une mer qui s'avance dans la terre, comme le golfe de Venise ; un détroit est une rue de mer qui joint deux mers ensemble, comme le détroit de Gibraltar, qui réunit le grand Océan à la mer Méditerranée.

MADEMOISELLE BONNE.

Fort bien : On appelle aussi détroit une mer resserrée entre deux terres, voyez sur cette carte. Entre l'île de Corse et l'île de Sardaigne, il y a une petite rue de mer, on la nomme le *Détroit de Boniface*.

EUGÉNIE.

Pourquoi appelle-t-on la petite rue de mer qui est entre l'Italie et la Sicile le *Phare de Messine* ? Que veut dire ce mot de *Phare* ?

MADEMOISELLE BONNE.

Je ne sais pas le grec, ma chère, et ce mot vient du grec : mais nous pouvons deviner ce qu'il veut dire. Les vaisseaux qui sont sur la mer ne peuvent sans danger s'approcher de la terre. Pour avertir que la terre n'est pas loin, on met du feu ou de la lumière sur le bord de la mer. Or il y avait un roi en Égypte, nommé Ptolémée, qui fit bâtir une tour de marbre et elle était si belle, qu'on a dit qu'elle était une des sept merveilles du monde. On mettait une lumière au haut de cette tour, qu'on appela *Pharos*, pour avertir les vaisseaux ; et, depuis ce temps, on a nommé *Phares* les endroits élevés où l'on place de la lumière la nuit pour les bâtiments qui sont sur la mer ; et c'est une de ces tours qui s'appelait le phare de Messine, qui a donné un nom à ce détroit. Nous pouvons donc penser que le mot de *phare* veut dire *une lumière qui conduit pendant la nuit.*

AUGUSTINE.

Ainsi les lanternes qui sont aux portes sont des phares ?

MADEMOISELLE BONNE.

Oui, ma chère.

SIDONIE.

Vous nous avez dit qu'il y avait sept merveilles dans le monde, apprenez-nous quelles sont les autres ?

MADEMOISELLE BONNE.

Je vais vous les dire comme je les sais : les *murailles* et les *jardins de Babylone*, le *phare d'Alexandrie*, le *tombeau de Mausole*, le *colosse de Rhodes*, le *temple de Diane* à Ephèse, le *labyrinthe de Minos* dans l'île de Crète, les *pyramides d'Égypte* ? Julia, dites-nous ce que c'était que le tombeau de Mausole ?

JULIA.

Il y avait une reine de Carie, nommée Artémise, qui aimait beaucoup son mari Mausole ; il mourut et elle lui fit faire un tombeau magnifique. Depuis ce temps, on a appelé *mausolées* les ouvrages que l'on fait pour honorer la mémoire des morts.

Quoique ce tombeau qu'Artémise avait fait bâtir fût admirable, elle ne le trouva pas digne de recevoir les cendres de Mausole ; elle les mêla chaque jour avec ce qu'elle buvait et mangeait, et les avala tout à fait.

EUGÉNIE.

N'est-ce pas cette Artémise qui combattit pour Xerxès, roi de Perse, contre les Grecs, à Salamine ?

MADEMOISELLE BONNE.

Non, ma chère ; celle-là vivait auparavant. Mais l'heure est avancée, il faut nous séparer, nous reparlerons des merveilles du monde une autre fois.

Jacob et l'ange

DIALOGUE IX.

MADEMOISELLE BONNE.

A la place d'un conte de fée, mademoiselle Julia vous dira la fable du Labyrinthe, qui était une des sept merveilles du monde. Quand je dis une fable, ce n'est pas qu'il n'y ait eu un labyrinthe, un Minos, un Thésée, et les autres personnages dont nous allons parler, mais c'est qu'on a mêlé des fables aux actions véritables de ces personnages.

JULIA.

Il y avait un roi de Crète, nommé *Minos*. Les Athéniens ayant tué son fils, il leur déclara la guerre, fut victorieux et les condamna à lui donner tous les ans sept garçons et sept filles pour être dévorés par le Minotaure. Ce Minotaure était un monstre, moitié homme et moitié taureau. Il habitait une demeure qu'on nommait le *Labyrinthe*. Dans cette demeure, on ne pouvait retrouver son chemin quand on y était entré, car il y avait mille tours et détours. Ainsi, les pauvres Athéniens qu'on mettait dans cette maison y seraient morts de faim, quand même ils n'auraient pas été mangés par le monstre. Thésée, fils du roi d'Athènes, résolut d'aller en Crète avec les jeunes gens qu'on y envoyait, afin de tuer le Minotaure. Quand il fut arrivé dans ce pays, il y vit *Ariane*, fille de Minos, à laquelle il promit de la prendre pour femme : Ariane lui donna un peloton de fil et dit au jeune Athénien d'en attacher le bout à la porte du Labyrinthe. Il tenait le peloton dans sa main, et dévidait le fil à mesure qu'il avançait. Ayant rencontré le Minotaure, Thésée le tua. Grâce au fil, il trouva la porte et sortit. Ainsi, les Athéniens ne furent plus obligés d'envoyer personne pour être mangé. Quand Thésée retourna dans

Athènes, Ariane s'enfuit avec lui ; mais il la méprisa, parce qu'une fille qui s'en va avec un homme ne mérite pas d'être estimée. Il se leva donc de grand matin, pendant qu'elle dormait dans une île où ils étaient descendus passer la nuit. Dès qu'Ariane se réveilla et qu'elle vit que le vaisseau était parti, elle pleura ; elle avait bien du regret d'avoir quitté la maison de son père ; mais ses regrets étaient inutiles. Bacchus, dieu du vin, passa par là, et comme Ariane était belle, il en eut compassion et l'épousa. Elle avait une couronne sur la tête ; Bacchus la jeta au ciel, et changea cette couronne en étoiles. En partant d'Athènes Thésée avait promis à son père Egée, s'il était victorieux, de mettre un drapeau blanc au haut de son vaisseau : il l'oublia. Egée ne voyant pas le drapeau crut que son fils était mort, et se jeta dans la mer. Thésée envoya des présents au dieu Apollon, pour le remercier de sa victoire, et il ordonna que tous les ans on agirait de même. Tout le temps que ce vaisseau était hors d'Athènes, on ne pouvait faire mourir personne, et on attendait qu'il fût revenu.

EUGÉNIE.

J'ai une grande envie de savoir ce qu'il y a de vrai dans ce que Julia vient de nous dire.

MADEMOISELLE BONNE.

Presque tout, ma chère. Au lieu du monstre, c'était un capitaine crétois, nommé Taurus. Au lieu du peloton de fil, Ariane donna à Thésée la carte du Labyrinthe ; et au lieu de Bacchus, cette princesse épousa un prêtre de ce dieu. Je vais vous expliquer les quatre autres merveilles du monde.

Les *Murailles de Babylone* entouraient cette ville, la capitale du plus ancien empire du monde. Elles avaient soixante kilomètres d'étendue et soixante mètres de haut ; elles étaient si larges que six chevaux pouvaient y marcher de front. Les *Jardins* suspendus de Babylone ont été un ouvrage aussi merveilleux que ses murailles.

Le *Colosse de Rhodes* était une statue d'airain, d'une grandeur démesurée, qui avait la figure d'un homme. Les Rhodiens la consacrèrent au dieu Apollon, et la placèrent à l'entrée du port de la ville de Rhodes, dans l'île de ce nom. Cette statue était si haute, et ses pieds étaient posés sur deux rochers si écartés, que les vaisseaux passaient à pleines voiles entre ses jambes. Elle fut renversée par un tremblement de terre.

Le *Temple de Diane* était un superbe édifice situé dans la ville d'Ephèse, et qui avait été dédié à cette déesse. L'extravagant Erostrate le brûla pour se rendre fameux dans l'histoire.

Les *Pyramides d'Égypte* sont des ouvrages bâtis depuis quatre mille ans et que l'on voit encore dans le voisinage du Grand-Caire. Elles servaient de sépulture aux rois d'Égypte. On fut vingt ans à construire la plus grande, et on y employa trois cent soixante mille ouvriers. On a remarqué qu'il en avait coûté seulement, pour les légumes fournis aux ouvriers, dix-huit cents talents, qui font plusieurs millions de notre monnaie. Mais en voici assez pour la fable, aujourd'hui. Disons un mot de la géographie. Prenons notre carte. Nous allons diviser l'Europe en trois principales parties : en partie du nord, en partie du milieu, en partie du sud.

La partie du nord comprend de l'ouest à l'est, les Iles Britanniques, qui se composent de deux grandes îles et de beaucoup de petites. La plus considérable est la Grande-Bretagne. Dans celle-ci, il y a deux royaumes : l'Angleterre au sud, et l'Écosse au nord. L'autre île, qui est plus petite, s'appelle Irlande.

Londres est la principale ville ou la capitale de l'Angleterre. Edimbourg est la capitale de l'Écosse et Dublin est la capitale de l'Irlande. A l'est de l'Angleterre, on trouve le Danemark, dont la capitale est Copenhague, dans l'île de Zélande. La *Norwége*, qui est au nord du Danemark, appartient au roi de Suède : sa ville capitale est Christiania. Ce roi possède aussi l'Islande, et cette île est encore plus au nord de l'Europe que l'Angleterre. A l'est de la *Norwége* on trouve la Suède, autour du golfe de Bothnie, dans la mer Baltique. La capitale de la Suède est Stockholm. Enfin, à l'est de la Suède , on voit la Russie , ou *Moscovie*, qui est un très grand pays : sa ville capitale était Moscou, mais aujourd'hui c'est Pétersbourg, qui en est la plus belle ville, et la résidence de l'empereur ainsi que de la cour de Russie. Voilà donc cinq parties principales de l'Europe au nord : retenez-les bien. Bientôt nous apprendrons les parties du milieu.

EUGÉNIE.

J'ai lu hier dans le *Magasin français* l'histoire de Pierre le Grand, qui a bâti la ville de Pétersbourg. J'ai trouvé cette histoire toute semblable au conte du prince Charmant, que vous avez raconté l'autre jour.

MADEMOISELLE BONNE.

C'est presque la même chose, ma chère, et le roi Absolu ressemble un peu à Charles XII, roi de Suède. Allons, mesdemoiselles, voyons ce que vous avez appris de l'histoire sainte.

AUGUSTINE.

Quand Isaac eut épousé Rebecca, il pria Dieu de lui envoyer des enfants ; elle eut deux fils ; l'aîné fut nommé Ésaü, et le second Jacob. Vous savez bien, mesdemoiselles, qu'en Angleterre, par exemple, il n'y a parmi les nobles que l'aîné qui ait un titre.

Un jour Ésaü alla à la chasse, et quand il revint à la maison, il avait une grande faim ; il trouva Jacob qui venait de faire une soupe aux lentilles, et qui allait la manger. Ésaü lui dit : « Mon frère, donnez-moi votre soupe. » « Je l'ai faite pour moi, répondit Jacob ; mais si vous voulez me céder votre droit d'aînesse, je vous donnerai mes lentilles. » Ésaü, qui était un gourmand, vendit son titre pour cette soupe. Ainsi, Jacob devint l'aîné.

MADEMOISELLE BONNE.

Vous voyez combien la gourmandise fait faire de sottises. C'est un vilain défaut. Non-seulement c'est un péché, mais cela rend malade, stupide et fait mourir jeune. C'est un vice si bas, si honteux, que je ne voudrais pas souffrir en votre compagnie une jeune personne que je croirais gourmande. Vous rougissez, Sidonie : auriez-vous eu le malheur d'être gourmande.

SIDONIE.

Oui, il y a quelques jour, que ma servante ne voulut pas me donner du thé le soir, et j'ai pleuré pendant plus d'une heure.

MADEMOISELLE BONNE.

Il faut vous corriger de ce vilain défaut, ma chère, réparer votre faute. Voyons, que ferez-vous pour cela ?

SIDONIE.

Je serai huit jours sans prendre de thé, mais aussi vous ne penserez plus à la sottise que j'ai commise.

MADEMOISELLE BONNE.

Pourquoi y penserai-je, ma bonne amie? Quand nous sommes fâchées de nos fautes et que nous les réparons, le bon Dieu les oublie ; je n'ai garde de m'en souvenir. Dites votre histoire, ma chère.

SIDONIE.

Esaü n'aimait pas son frère Jacob, qui lui avait acheté son titre, et qui lui avait pris la bénédiction de son père. Rebecca dit à Jacob : « J'ai peur que votre frère Esaü ne se venge de vous ; ainsi, mon fils, allez trouver votre oncle Laban, et demeurez avec lui jusqu'à ce que la colère d'Ésaü soit passée. » Laban avait deux filles. Lia, l'aînée, était laide, et Rachel, la seconde, était belle. Jacob demanda celle-ci en mariage à Laban, qui lui dit : « Je vous donnerai ma fille Rachel, si vous voulez être mon domestique pendant sept ans. » Jacob y consentit, et au bout de ce temps, il croyait épouser Rachel ; mais Laban le trompa et mit sa fille Lia à la place de cette dernière. Quand Jacob connut la supercherie, sa colère fut égale à sa surprise. Laban lui dit : « Ce n'est pas la coutume de marier la plus jeune avant l'aînée, mais si vous voulez me servir encore pendant sept ans, je vous donnerai Rachel dans huit jours. » Jacob y consentit, et après ce temps, Laban, qui voyait que Dieu le bénissait à cause de Jacob, le pria de rester chez lui, et il lui promit une bonne récompense ; mais il cherchait à le tromper, ce qui n'empêcha pas Jacob de devenir très riche. Il n'aimait point sa femme Lia, et Dieu eut pitié d'elle ; il lui donna un grand nombre d'enfants et Rachel n'en avait point. A la fin, pourtant, elle eut un fils qui fut nommé Joseph. Cependant, Jacob quitta son beau-père Laban , et revint dans son pays. Comme Jacob approchait, il apprit que son frère Esaü marchait au-devant de lui avec un grand nombre d'hommes armés. Il eut peur, mais Dieu lui envoya un ange pour le rassurer, et les deux frères se réconcilièrent.

MADEMOISELLE BONNE.

Allons, Charlotte, dites-nous votre histoire.

CHARLOTTE.

Jacob s'arrêta avec sa famille près de la ville de Sichem. Il avait douze garçons et une fille nommée Dina. Cette fille, qui était curieuse, voulut voir les filles de Sichem. Elle sortit donc, et le fils du roi, l'ayant aperçue, s'en empara. Les fils de Jacob ayant appris cela furent fort en colère ; le roi leur dit : « Ne vous fâchez pas, donnez-moi votre sœur pour être la femme de mon fils, et devenons amis, les uns et les autres. » Les frères de Dina y consentirent ; mais deux d'entre eux, qu'on nommait Siméon et Lévi, résolurent de se venger. Ils tuèrent en trahison le roi, son fils et tous les hommes de Sichem, et firent leurs femmes prisonnières. Jacob fut bien fâché quand il sut cette mauvaise action, et il avait peur que les peuples des villes voisines ne leur fissent la guerre. Dieu le rassura et lui promit, comme il avait fait à Abraham et à Isaac, de donner à ses enfants le pays dans lequel ils se trouvaient actuellement. Jacob quitta cet endroit et vint demeurer à Béthel, qu'on a depuis appelé Bethléem. Quand ils furent arrivés, Rachel eut encore un fils, et elle mourut quand il vint au monde. Elle le nomma *Benoni*, c'est-à-dire l'enfant de ma douleur ; mais Jacob l'appela *Benjamin*. Rachel fut enterrée auprès de Bethléem.

EUGÉNIE.

Ce Siméon et ce Lévi étaient bien cruels.

MADEMOISELLE BONNE.

Presque tous les enfants de Jacob étaient remplis de vices, comme vous le verrez bientôt. Juda, l'aîné, a commis de grands crimes ; mais il y en avait un qui était plein de vertus.

JULIA.

Pour moi, Quand j'ai fait une faute, je suis si tourmentée, qu'il ne m'est pas possible de dormir de toute la nuit. Est-ce que Lévi et Siméon, qui tuèrent tant de gens, n'étaient pas aussi tourmentés ?

MADEMOISELLE BONNE.

Oui, ma chère. Dans le commencement qu'on est méchant, la conscience tourmente ; mais quand on continue à commettre le crime, petit à petit les remords diminuent, et, à la fin, la conscience ne dit plus mot, ce qui est le plus grand de tous les malheurs. Remarquez aussi, mes enfants, combien il est dangereux pour une jeune personne d'être curieuse. Si Dina était restée chez elle, elle n'aurait pas causé les effroyables malheurs dont nous venons d'entendre le récit. Les femmes sont faites pour la retraite ; il faut qu'elles s'accoutument à l'aimer, et j'ai très mauvaise opinion d'une fille qui aime à courir et à se faire voir partout. Je vous disais , il y a quelque temps, que les femmes étaient destinées à veiller sur leur famille. Comment le peuvent-elles faire, si elles sont toujours hors de leur maison ?

EUGÉNIE.

Mais quand on est riche, on a des domestiques pour veiller sur sa famille.

MADEMOISELLE BONNE.

Dieu n'a pas dit que les riches ne mangeraient pas leur pain à la sueur de leur front. Tout le monde doit travailler, et le travail d'une grande dame, comme celui d'une marchande, est d'avoir soin de sa famille et de sa maison. Retenez bien ceci, mes enfants, quand vous seriez beaucoup plus riches que vous ne l'êtes, si vous ne prenez pas garde à vos affaires, vos domestiques vous voleront, les marchands seront d'accord avec eux pour vous vendre trop cher, vous deviendrez pauvres. Or, il n'y a rien de plus honteux que de devenir pauvre par sa faute ; tout le monde se moque de ces pauvres-là, et loin d'en avoir pitié, on les méprise.

AUGUSTINE.

Vous dites que tout le monde est obligé de travailler, mais les rois et les reines n'y sont pas obligés.

MADEMOISELLE BONNE.

Je vous demande pardon, ma chère ; un bon roi, une bonne reine, travaillent beaucoup plus que le plus pauvre de leurs sujets. Il y a deux manières de travailler : un paysan travaille à la terre, un menuisier travaille sur le bois, une couturière fait des habits ; mais ce travail-là n'est pas fort difficile. Celui où l'esprit travaille l'est bien davantage, et voila l'ouvrage des rois et des reines. Comme Dieu leur demandera compte de tout le mal qui se fait par leur faute ou leur négligence, ils doivent penser, jour et nuit, à s'instruire de tout ce qui se fait dans leur royaume ; et je vous assure qu'un bon roi, un grand roi, n'a pas un moment de repos.

EUGÉNIE.

Si cela est, il n'y a pas beaucoup de plaisir à être roi.

MADEMOISELLE BONNE.

Pardonnez-moi, un roi peut être le plus heureux de tous les hommes ; mais, pour le devenir, il faut qu'il ne se donne pas un moment de repos. Ce travail que vous regardez comme une peine, fait le bonheur et la gloire de sa vie. Dites-moi, je vous prie, une bonne mère trouve-t-elle de la peine à prendre soin de ses enfants ? Non, sans doute. Eh bien, un bon roi est le père de ses sujets. Loin de trouver de la peine à s'occuper des choses qui peuvent les rendre heureux, cela lui donne une satisfaction infinie.

Adieu, mes enfants ; la leçon a été un peu courte aujourd'hui ; je suis incommodée ; nous compenserons cela la prochaine fois.

Joseph et le Songe de Pharaon

DIALOGUE X.

MADEMOISELLE BONNE.

Bonjour, mesdemoiselles, j'ai lu hier un fort joli conte, je vais vous le raconter :

Il y avait une fois un roi qui désirait ardemment une princesse ; mais elle ne pouvait se marier, parce qu'elle était enchantée. Il alla trouver une fée, pour savoir comment il devait faire pour plaire à cette princesse. La fée lui dit : «Vous savez que la personne dont vous vous occupez a un gros chat qu'elle aime beaucoup ; elle doit épouser celui qui sera assez adroit pour marcher sur la queue de ce chat. » Le prince pensa que cela ne serait pas fort difficile. Il quitta donc la fée, déterminé à écraser la queue du chat, plutôt que de manquer de marcher dessus. Il courut au palais de la princesse. Minon vint au-devant de lui, faisant le gros dos, comme il avait coutume. Le roi leva le pied ; mais, lorsqu'il croyait l'avoir mis sur la queue de l'animal, Minon se retourna si vite que le roi ne prit rien sous son pied. Pendant huit jours, celui-ci chercha à marcher sur cette fatale queue ; il semblait qu'elle fût pleine de vif-argent, car elle remuait toujours. Enfin, le roi eut le bonheur de surprendre Minon pendant qu'il était endormi, et lui appuya le pied sur la queue de toute sa force.

Minon se réveilla en miaulant horriblement ; puis, tout à coup, il prit la figure d'un grand homme, et regardant le prince avec des yeux pleins de colère, il lui dit : « Tu épouseras la princesse, puisque tu as détruit l'enchantement qui t'en empêchait ; mais je m'en vengerai. Tu auras un fils qui sera toujours malheureux, jusqu'au moment où il connaîtra qu'il aura le nez trop long, et si tu parles de la menace que je te fais, tu mourras sur-le-champ. » Quoique ce grand homme fût un enchanteur, le roi ne put s'empêcher de rire de cette menace, et il alla trouver la princesse, qui consentit à l'épouser ; il mourut au bout de huit mois.

Un mois après, la reine mit au monde un petit prince qu'on nomma *Désir*. Il avait de grands yeux bleus, les plus beaux yeux du monde, une jolie petite bouche ; mais son nez était si grand qu'il lui couvrait la moitié du visage. Les dames d'honneur dirent que ce nez n'était pas aussi grand qu'il le paraissait , que c'était un nez à la romaine, et qu'on voyait par les histoires que tous les héros avaient eu un grand nez. La reine, qui aimait son fils à la folie, fut charmée de ce discours, et, à force de regarder Désir, le nez de l'enfant ne lui parut plus si grand. Le prince fut élevé avec soin.

Aussitôt qu'il sut parler, on fit devant lui toutes sortes de mauvais contes sur les personnes qui avaient le nez court. On ne souffrait auprès de lui que ceux dont le nez ressemblait un peu au sien, et les courtisans, pour faire leur cour à la reine et à son fils, tiraient plusieurs fois par jour le nez de leurs petits enfants, afin de le faire allonger. Malgré cela, ils paraissaient camards auprès du prince Désir. Quand il fut raisonnable, on lui apprit l'histoire, et quand on lui parlait de quelque grand prince ou de quelque belle princesse, on disait toujours qu'ils avaient le nez long. Toute sa chambre était pleine de tableaux où il y avait de grands nez, et Désir s'accoutuma si bien à regarder la longueur du nez comme une perfection, qu'il n'eût pas voulu pour une couronne faire ôter une ligne du sien.

Lorsqu'il eut vingt ans, et qu'on pensa à le marier, on lui présenta les portraits de plusieurs princesses. Il fut enchanté de celui de *Mignonne*. C'était la fille d'un grand roi, et elle devait avoir plusieurs royaumes. Cette princesse, qu'il trouvait charmante, avait pourtant un petit nez retroussé, qui faisait le plus joli effet du monde sur son visage, mais qui jeta les courtisans dans le plus grand embarras. Ils avaient pris l'habitude de se moquer des petits nez, et il leur échappait quelquefois de rire de celui de la princesse. Or Désir n'entendait pas raillerie sur cet article, et il chassa de sa cour deux courtisans qui avaient osé parler mal du nez de Mignonne. Les autres, devenus sages par cet exemple, se corrigèrent, et il y en eut un qui dit au prince, qu'à la vérité un homme ne pouvait pas être aimable sans avoir un grand nez, mais que la beauté des femmes était différente, et qu'un savant lui avait dit avoir lu dans un vieux manuscrit grec que la belle Cléopâtre avait le bout du nez retroussé. Le prince fit un présent magnifique à celui qui lui apprit cette bonne nouvelle, et fit partir des ambassadeurs pour demander Mignonne en mariage.

On la lui accorda et il alla au-devant d'elle, mais lorsqu'il s'avançait pour lui baiser la main, on vit descendre l'enchanteur, qui enleva la princesse à ses yeux et le rendit inconsolable. Désir résolut de ne point rentrer dans son royaume qu'il n'eût retrouvé Mignonne. Il ne voulut permettre à aucun de ses courtisans de le suivre ; et, étant monté sur un bon cheval, il lui laissa prendre le chemin qu'il voulut. Le cheval entra dans une grande plaine, où il marcha toute la journée sans trouver une seule maison. Le maître et l'animal mouraient de faim. Sur le soir, le cavalier aperçut une caverne où il y avait de la lumière. Il y entra et vit une petite vieille qui paraissait avoir plus de cent ans. Elle mit ses lunettes pour regarder le prince, mais elle fut longtemps sans pouvoir les faire tenir, parce que son nez était trop court.

Le prince et la fée (car c'en était une) laissèrent échapper chacun un éclat de rire en se regardant, et s'écrièrent tous deux en même temps : « Ah ! quel drôle de nez ! » « Madame, dit Désir, laissons nos nez pour ce qu'ils sont et soyez assez bonne pour nous donner quelque chose à manger ; car je meurs de faim, aussi bien que mon pauvre cheval. » « De tout mon cœur! répondit la fée. J'aimais le roi votre père comme mon frère ; il avait le nez fort bienfait, ce prince. » « Et que manque-t-il au mien? » demanda Désir. « Oh ! il n'y manque rien, dit la fée ; au contraire, il n'y a en lui que trop d'étoffe. Je vous apprenais donc que j'étais l'amie de votre père ; il venait me voir souvent dans ce temps-là. Il faut que je vous conte une conversation que nous eûmes ensemble, la dernière fois qu'il me vit. » « Eh ! madame, reprit Désir, je vous écouterai avec bien du plaisir quand j'aurai soupé : pensez, s'il vous plaît, que je n'ai pas mangé d'aujourd'hui. »

« Le pauvre garçon ! dit la fée, il a raison, je n'y songeais pas. Je vais donc vous donner à souper, et pendant que vous mangerez, je vous dirai mon histoire en quatre paroles, car je n'aime pas les discours démesurés : une langue trop longue est encore plus insupportable qu'un grand nez, et je me souviens, quand j'étais jeune, qu'on m'admirait parce que je n'étais pas une grande parleuse ; on le disait à la reine ma mère. Car, telle que vous me voyez, je suis la fille d'un grand roi. Mon père... » « Votre père mangeait quand il avait faim », interrompit le prince. « Oui, sans doute répliqua la fée, et vous souperez aussi tout à l'heure. Je voulais vous dire seulement que mon père... » « Et moi, je ne veux rien écouter que je n'aie soupé ! s'écria le prince. Je sais que le plaisir que j'aurais en vous écoutant pourrait me faire oublier ma faim; mais mon cheval, qui ne vous entendra pas, a besoin de prendre quelque nourriture. »

La fée se rengorgea à ce compliment et appela ses domestiques. « En vérité, reprit-elle, malgré la grandeur énorme de votre nez, vous êtes fort aimable. » « Peste soit de la vieille avec son nez ! murmura le prince en lui-même ; on dirait que ma mère lui a volé l'étoffe qui manque au sien. Si je n'avais pas besoin de manger, je laisserais là cette babillarde, qui croit être une petite parleuse. Il faut être bien sot pour ne pas connaître ses défauts ! Voilà ce que c'est d'être né sur un trône ; les flatteurs l'ont gâtée et lui ont persuadé qu'elle parle peu. » Pendant que le prince songeait à cela, les servantes mettaient la table, et il admirait la fée, qui leur faisait mille questions, seulement pour avoir le plaisir de babiller. Il admirait surtout une femme de chambre qui, à propos de tout ce qu'elle voyait, louait la discrétion de sa maîtresse. « Parbleu, pensait-il en mangeant, je suis charmé d'être venu ici. Cet exemple me fait voir combien j'ai fait sagement de ne pas écouter les flatteurs. Ces gens-là nous louent effrontément, nous cachent nos défauts, et les changent en qualités. Pour moi, je ne serai jamais leur dupe ; je connais mes imperfections, Dieu merci ! »

Le pauvre Désir le croyait bonnement, et ne sentait pas que ceux qui avaient vanté son nez se moquaient de lui, comme la femme de chambre raillait la fée. Pour lui, il ne soufflait mot, et mangeait de toutes ses forces. « Mon prince, lui dit la vieille quand il commençait à être rassasié, tournez-vous un peu, je vous prie, votre nez fait une ombre qui m'empêche de voir ce qui est sur mon assiette... Ah ça ! parlons de votre père. J'allais à sa cour dans le temps qu'il n'était qu'un petit garçon, mais il y a quarante ans que je suis retirée dans cette solitude. Dites-moi un peu comment on vit à la cour à présent... Que votre nez est long ! Je ne puis m'accoutumer à le voir. » « En vérité, lui répondit Désir, cessez de parler de mon nez ; j'en suis content, je ne voudrais pas qu'il fût plus court : chacun l'a comme il peut. »

« Oh ! je vois bien que cela vous fâche, mon pauvre Désir, poursuivit la fée ; ce n'est pourtant pas mon intention. Au contraire, je suis de vos amies, et je veux vous rendre service ; mais, malgré cela, je ne puis m'empêcher d'être choquée de votre nez ; je ferai pourtant en sorte de ne vous en plus parler ; je m'efforcerai même de penser que vous êtes camard, quoiqu'à dire la vérité il y avait assez d'étoffe dans ce nez pour en faire trois raisonnables. » Désir, qui avait soupé, s'impatienta tellement des discours sans fin que la fée faisait sur son nez, qu'il remonta à cheval et partit. Il continua son voyage, et partout où il passait, il croyait que tout le monde était fou, parce que tout le monde parlait de son nez, mais toutefois, on l'avait si bien accoutumé à s'entendre dire que cette partie de sa figure était belle, qu'il ne put jamais convenir avec lui-même qu'elle était trop longue. La vieille fée, qui voulait lui rendre service malgré lui, s'avisa d'enfermer Mignonne dans un palais de cristal, et mit ce palais sur le chemin du prince. Désir, transporté de joie, s'efforça de le casser ; mais il n'en put venir à bout. Désespéré, il voulut s'approcher pour parler du moins à la princesse, qui, de son côté, approchait aussi sa main de la glace. Il essayait de baiser cette main ; mais, de quelque côté qu'il se tournât, il ne pouvait y porter la bouche.

Il s'aperçut, pour la première fois, de l'extraordinaire longueur de ce nez, et le prenant avec la main pour le ranger de côté : « Il faut avouer, dit-il, que mon nez est trop long. » Dans le moment, le palais de cristal tomba par morceaux, et la vieille, qui tenait Mignonne par la main, dit au prince : « Avouez que vous m'avez beaucoup d'obligation. J'avais beau vous parler de votre nez, vous n'en auriez jamais reconnu le défaut, s'il ne fût devenu un obstacle à ce que vous souhaitiez. C'est ainsi que l'amour propre nous cache les difformités de notre âme et de notre corps. La raison a beau chercher à nous les dévoiler, nous n'en convenons qu'au moment où ce même amour-propre les trouve contraires à ses intérêts. » Désir, dont le nez était devenu un nez ordinaire, profita de cette leçon : il épousa Mignonne, et vécut heureux avec elle un fort grand nombre d'années.

EUGÉNIE.

Est-il possible qu'on ne connaisse pas ses défauts ! J'ai toujours bien cru que je n'étais pas belle, et si on me disait le contraire, je penserais qu'on se moque de moi.

MADEMOISELLE BONNE.

Votre amour-propre vous a dit que vous n'étiez pas belle ; mais je gage que vous ne croyez pas non plus être laide.

Si quelque flatteur affirmait que vous êtes jolie, d'abord vous penseriez qu'il se moque de vous ; mais s'il vous répétait cela plusieurs fois, vous commenceriez à le croire. Il est fort aisé d'oublier ses défauts, à moins qu'on n'ait une bonne amie qui vous en avertisse. Présentement, récitons nos histoires. Commencez, Sidonie.

SIDONIE.

Jacob préférait Joseph à ses autres enfants, parce qu'il était plus honnête homme que ces derniers, et parce qu'il était fils de Rachel ; mais il fut haï par ses frères pour plusieurs motifs. Un jour, Joseph leur vit faire une mauvaise action, il en avertit son père Jacob, ce qui les irrita. Un autre jour, il leur dit : « J'ai rêvé que nous étions dans un champ, et que nous faisions des gerbes de blé, mais toutes vos gerbes se sont abaissées devant la mienne. J'ai rêvé une autre fois que le soleil, la lune et onze étoiles se prosternaient devant moi. » Quoique Jacob pensât que Dieu avait envoyé ces rêves à Joseph, il le gronda pourtant de ce qu'il les racontait, et lui dit : « Crois-tu que ta mère et tes frères seront tes serviteurs ? » Les autres enfants de Jacob étaient donc bien en colère contre Joseph ; et un jour qu'ils étaient allés très loin mener leurs troupeaux, ils virent venir Joseph, que Jacob avait envoyé pour savoir comment ils se portaient ; et ils dirent : « Voici notre rêveur, il faut le tuer. » Ruben, qui n'était pas si méchant que les autres, répondit : « Ne le tuons pas, mais jetons-le dans un grand trou ; » car Ruben avait envie de revenir la nuit pour le tirer de ce trou ; mais dès que celui-ci fut parti, les enfants de Jacob virent arriver des marchands qui allaient en Égypte. Ils tirèrent Joseph de la fosse, et le vendirent à ces marchands comme esclave. Quand Ruben accourut le soir pour sauver Joseph, il fut bien fâché de ne le point trouver, et il pleura. Ses frères prirent la robe de Joseph, et l'ayant toute remplie de sang, ils la renvoyèrent à Jacob, qui crut qu'une bête sauvage avait dévoré le fils de Rachel, ce qui donna beaucoup de chagrin au malheureux père.

CHARLOTTE.

Est-ce qu'il faut croire aux rêves ?

MADEMOISELLE BONNE.

Non, ma chère ; c'est la plus grande sottise du monde. Il est vrai que Dieu s'est servi quelquefois des rêves pour découvrir sa volonté à ses serviteurs, mais nous ne sommes pas assez bonnes pour espérer de pareilles faveurs.

SIDONIE.

Je connais une dame qui explique les rêves de tout le monde. Elle verse aussi du café sur la table, et puis elle y lit l'avenir.

MADEMOISELLE BONNE.

Il ne faut jamais nommer les gens, ma chère, quand on dit d'eux des choses qui ne sont pas à leur avantage ; comme cette dame est une sotte, il faut bien se garder de nous dire son nom. Il n'y a que Dieu qui connaisse l'avenir : or, il faut être bien niaise pour croire qu'on obligera Dieu à le découvrir, toutes les fois qu'on répandra une tasse de café.

EUGÉNIE.

Mais, pourtant, ce que l'on explique des rêves arrive quelquefois.

MADEMOISELLE BONNE.

Oui, par hasard ; une fois sur mille. Allons, Charlotte, continuez l'histoire de Joseph.

CHARLOTTE.

Les marchands qui avaient acheté Joseph le vendirent à un grand seigneur d'Égypte. Il servit fidèlement son maître *Putiphar*, dont il gagna l'affection. Putiphar avait une très méchante femme ; elle voulut engager Joseph à trahir ce seigneur. Joseph ne voulut jamais faire une aussi mauvaise action, et la femme de Putiphar, outrée de son refus, dit à celui-ci que le fils de Jacob était un méchant qui le trompait, Putiphar, pour se venger, fit mettre Joseph en prison, il y demeura longtemps ; mais le maître de la prison, touché de sa vertu, avait beaucoup d'amitié pour lui. Il y avait dans cette prison deux officiers du roi d'Égypte, qui s'appelait *Pharaon*. L'un était son échanson, c'est-à-dire ; celui qui lui versait à boire ; l'autre était son panetier, c'est-à-dire, celui qui lui fournissait son pain. Un jour l'échanson dit à Joseph : « J'ai rêvé que j'avais de fort beaux raisins ; je les ai écrasés dans une coupe, et le roi a bu le jus de ces raisins. » Joseph lui dit : « Ce rêve signifie que le roi vous pardonnera et vous rendra votre charge. Quand vous serez revenu à la cour, je vous prie de parler au roi pour me faire sortir de prison, car je suis innocent. » Le panetier dit à Joseph : « Et moi, j'ai rêvé que je portais sur ma tête une corbeille pleine de gâteaux, et que les oiseaux venaient les manger. » Joseph lui répliqua : « Votre songe veut dire que vous serez pendu, et que les oiseaux mangeront votre corps. » Toutes ces choses arrivèrent comme Joseph l'avait prédit ; mais quand l'échanson fut à la cour, il oublia celui-ci, qui resta en prison.

MADEMOISELLE BONNE.

Vous voyez que Dieu envoyait ces rêves, et les autres dont nous parlerons, pour faire connaître l'innocence de Joseph. C'était un miracle que Dieu faisait pour le récompenser et le rendre heureux : or il ne faut pas croire que Dieu accomplisse des miracles pour rien et qu'il veuille sans nécessité découvrir l'avenir aux hommes ; ainsi, je vous le répète, c'est une grande folie que de chercher à expliquer les rêves.

JULIA.

Je suis en colère contre l'échanson, qui a oublié le pauvre Joseph qui était son ami.

MADEMOISELLE BONNE.

Les gens qui vivent à la cour n'ont guère d'amitié, ma chère ; ils ne sont occupés que du désir de plaire au roi, pour faire leur fortune.

EUGÉNIE.

Comment ! toutes ces dames qui vont à la cour sont des trompeuses ?

MADEMOISELLE DONNE.

Non, ma chère : tous ceux qui vont à la cour ne sont pas des gens de cour. On appelle ainsi les personnes qui désirent faire fortune et qui sont jalouses de tous les gens qui approchent de leur maître. Mais l'amitié des princes change le cœur ; aussi, pour conserver un bon cœur à la cour, il faut être quatre fois plus vertueuse qu'une autre. Mais revenons à notre histoire. Remarquez, mes enfants, que Joseph obéit fidèlement à son maître et à l'homme qui commandait dans la prison, quoiqu'il ne fût pas né pour être esclave ; et, par cette conduite, il gagna leur amitié. Sidonie, continuez l'histoire.

SIDONIE.

Pharaon rêva un jour qu'il voyait sept belles vaches qui étaient si grasses, qu'elles faisaient plaisir à regarder. Tout à coup il aperçut sept vaches tellement maigres qu'elles n'avaient que la peau et les os. Ces sept vaches maigres mangèrent les sept grasses. Le roi s'étant éveillé envoya chercher les hommes les plus savants de l'Égypte, pour lui expliquer son rêve, mais ils ne purent pas le faire, parce que Dieu ne les inspirait pas. Alors l'échanson se souvint de Joseph, et dit au roi qu'il lui avait expliqué un songe ainsi qu'au panetier. On fit venir le prisonnier, qui dit au roi : « Les sept vaches grasses signifient que pendant sept ans, il y aura beaucoup de blé ; mais, après ce temps, il viendra sept années pendant lesquelles il n'y aura point de blé, et ce sont les vaches maigres qui mangeront les grasses. » Le roi répondit : « Puisque tu as connu le mal, il faut que tu donnes le remède ; je te laisse le maître de faire tout ce que tu voudras dans mon royaume. » Alors Joseph fit bâtir de grandes maisons, et quand tout le monde eut sa provision de blé , il acheta ce qui en restait, et le mit dans les maisons qu'il avait fait bâtir ; et, au bout de sept ans, ces greniers furent pleins de blé. On ne savait pas pourquoi Joseph faisait cela ; mais on le connut bientôt. Après les sept ans, le blé ne poussa point et les Égyptiens furent obligés d'aller acheter le blé du roi, dont Joseph avait la charge. Pharaon connut donc la sagesse de Joseph, et il le fit le plus grand seigneur du royaume.

MADEMOISELLE BONNE.

Passons à la géographie. Vous vous souvenez bien que nous avons trouvé cinq grandes parties au nord de l'Europe ; il y en a quatre au milieu. Dites-les à ces demoiselles, Julia.

JULIA.

A l'ouest, on trouve la France, dont la capitale est Paris. A l'est de la France, est la Confédération germanique, qui se compose de trente-neuf États, y compris une partie de l'Autriche, de la Prusse et les quatre royaumes de Saxe, de Bavière, de Hanovre et de Wurtemberg. C'est à Francfort-sur-le-Mein que se tient la diète à laquelle préside l'empereur d'Autriche. Au nord est de la confédération est la Pologne. Au sud de la Pologne est la Hongrie, dont Bude est la capitale.

MADEMOISELLE BONNE.

Dans le milieu de l'Europe se trouve, autour de la France ; la Belgique au nord, capitale Bruxelles ; la Hollande, au nord de la Belgique, capitale Amsterdam ; à l'est de la France on voit la Suisse ; au sud est de la France est située la Savoie, sa capitale est Chambéry.

EUGÉNIE.

Mademoiselle Bonne, qu'est-ce qu'on appelle Pays-Bas?

MADEMOISELLE BONNE.

On a connu ainsi l'étendue de pays qui est entre la mer du Nord, la France et la Confédération germanique. Autrefois il comprenait plusieurs provinces, qui, réunies aujourd'hui, ont formé les royaumes de Hollande et de Belgique.

AUGUSTINE.

La Savoie est-elle un beau pays ?

MADEMOISELLE BONNE.

Ce pays est plein de montagnes, dont les sommets sont toujours couverts de neige, et où l'on voit des vallons toujours remplis de glace : il appartient à un prince nommé le roi de Sardaigne. Berne est la capitale de la Suisse, le plus haut pays de l'Europe. C'est un État composé de vingt-deux cantons, tous indépendants les uns des autres, lesquels forment une puissante république. Adieu, mesdemoiselles, apprenez bien vos leçons, et je tâcherai de vous trouver un conte pour notre première réunion.

Jacob retrouve son fils

DIALOGUE XI.

EUGÉNIE.

J'ai une jolie histoire à dire à ces demoiselles. Ce n'est pas un conte, au moins, cela est arrivé à Londres, à une dame que ma mère connaît.

MADEMOISELLE BONNE.

Nous serons charmées d'entendre votre histoire.

EUGÉNIE.

Cette dame a une fille nommée Julie, et qui a un très bon cœur. Elle n'a jamais fait de mal à personne, pas même aux bêtes, et elle est fâchée quand elle voit tuer une mouche. Un jour que mademoiselle Julie se promenait, elle vit un chien que les petits garçons traînaient avec une corde, pour le jeter dans la rivière. Le pauvre animal était très laid et tout crotté. Julie en eut pitié, et dit à ces petits garçons : « Je vous offre une pièce d'argent en échange de ce chien. » La femme de chambre qui accompagnait Julie lui demande : « Que voulez-vous faire d'un pareil animal ? » « Il est vilain, répondit Julie, mais il est malheureux ; si je l'abandonne, personne n'en aura pitié. » Elle fit laver le chien et le mit dans sa voiture. Tout le monde se moqua d'elle quand elle revint à la maison ; mais cela ne l'a pas empêchée de garder cette pauvre bête depuis trois ans. Il y a huit jours, Julie était couchée, et commençait à s'endormir, lorsque l'animal sauta sur le lit de la bonne

115

demoiselle et se mit à la tirer par sa manche ; il aboyait si fort, que Julie s'éveilla et, comme elle avait une lampe dans sa chambre, elle vit son chien qui aboyait en regardant sous le lit. Julie, ayant peur, courut ouvrir sa porte et appela ses domestiques, qui, par bonheur, n'étaient pas encore couchés. Ils vinrent dans sa chambre, et trouvèrent, caché sous le lit, un voleur qui avait un poignard et qui dit qu'il aurait tué cette demoiselle pendant la nuit pour prendre les diamants de celle-ci ; ainsi ce pauvre chien lui a sauvé la vie.

MADEMOISELLE BONNE.

Vous aviez raison, ma chère, de nous dire que votre histoire était fort jolie. Il est certain que la pitié, même pour les animaux, est la marque d'un cœur généreux. J'aime beaucoup cette pensée de votre demoiselle Julie : *Ce chien n'est pas beau, mais il est malheureux.* Tout ce qui est malheureux devient respectable à une personne d'un bon caractère : c'est par cette raison que les honnêtes gens traitent avec douceur les domestiques et les ouvriers.

AUGUSTINE.

Est-ce que tous ces gens-là sont malheureux ?

MADEMOISELLE BONNE.

Mettez-vous à leur place, ma bonne amie. Par exemple : votre gouvernante avait autrefois des domestiques qui lui obéissaient ; mais comme elle est devenue pauvre, c'est elle qui doit obéir aux autres. Vous sentez bien que cela doit lui faire de la peine. Les autres domestiques, qui n'ont jamais été riches, ne sont pas malheureux s'ils ont de bons maîtres ; mais si on les gronde mal à propos, si on les méprise, si on leur parle rudement, ils disent en eux-mêmes : « Que je suis malheureux d'être forcé par la pauvreté de servir ces méchantes gens qui me maltraitent, qui me parlent comme à un esclave, quoiqu'ils soient des créatures de la même nature que moi ! » Le meilleur maître a des caprices, qui rendent quelquefois les domestiques misérables ; il faut donc avoir pitié de ses serviteurs. Et puis, ma chère, ces pauvres gens-là ont déjà assez de mal. Ils sont exposés dans la rue à la pluie, au vent et au froid, pendant que vous êtes bien chaudement dans un bel appartement ou dans votre voiture. Ils ont mille autres sujets de chagrin : il serait donc bien cruel de leur en donner encore davantage. J'en dis autant de tous ceux qui sont obligés de travailler pour gagner leur vie : il faut bien prendre garde de les rendre plus malheureux qu'ils ne le sont. Par exemple, vous envoyez chercher un pauvre ouvrier, et, quand il est venu, vous le faites attendre deux heures, ou bien vous lui dites qu'il revienne une autre fois, que vous n'avez pas le temps de lui parler. Vous ne pensez pas que pendant qu'il court il ne travaille pas, que vous lui faites perdre son temps, qu'il sera obligé de veiller pour finir son ouvrage, sans quoi il n'aura pas de pain : n'est-il pas bien cruel de faire toutes ces choses ?

EUGÉNIE.

En vérité, on ne pense point à tout cela. D'ailleurs les domestiques sont si impertinents, qu'on a bien de la peine à avoir pitié d'eux.

MADEMOISELLE BONNE.

Ma chère, la plus grande partie du temps, ce sont les mauvais maîtres qui font les mauvais domestiques. Vous ne les aimez pas, ils ne vous aiment pas non plus ; ils vous servent, parce qu'ils ont besoin de votre argent ; mais, en même temps, ils maudissent leur pauvreté qui les force à vous obéir. Je me souviendrai toujours de ce que madame de Br... disait à une aimable fille qu'elle a perdue, et qui sans doute eût pu, dans la suite, servir de modèle à toutes les dames : « Si vous voulez être bien servie, ma chère, faites en sorte que vos domestiques vous servent avec plaisir et non par intérêt, qu'ils ne pensent pas à l'argent que vous leur donnez, mais à la douceur qu'ils trouvent a vous contenter. Reprochez-vous comme un crime une parole dure à leur égard ; qu'ils connaissent sur votre visage et par vos paroles que vous leur êtes obligée quand ils font leur devoir ; que vous vous intéressez à leur fortune, à leurs maladies, à leurs chagrins. Si vous suivez mes conseils, vos domestiques vous regarderont comme une mère ; ils vous respecteront, et ils aimeront mieux gagner quatre louis dans votre maison que huit chez un autre. » La jeune demoiselle pratiquait ces sages leçons et elle était adorée de toute la maison. Elle disait toujours : « Je vous prie, faites cela. » Elle remerciait chacun d'un air doux, content ; et quand elle était obligée de reprendre un serviteur, c'était sans gronder, en sorte qu'ils avaient une grande crainte de lui déplaire, et quand elle est morte, tous les domestiques étaient aussi affligés que s'ils eussent perdu leur enfant.

EUGÉNIE.

Allons, je veux être bonne pour mes domestiques ; mais j'aurai de la peine, car ma gouvernante me gronde quand je cause avec eux.

MADEMOISELLE BONNE.

Elle a raison, ma chère. Il faut être bonne pour les domestiques ; mais il ne faut pas être familière avec eux, cela ferait qu'ils vous manqueraient de respect.

Ne leur parlez donc pas sans besoin, gardez-vous de rire avec eux, de leur demander des nouvelles, de leur raconter ce que l'on a fait.

SIDONIE.

Ma mère fait tout ce que vous dites là avec sa femme de chambre, et cette femme la gronde quelquefois comme si elle était une petite fille.

MADEMOISELLE BONNE.

Premièrement, ma chère, il ne faut jamais rapporter ce que fait votre mère, surtout quand vous croyez que cela n'est pas bien. Secondement, elle a raison d'agir ainsi. Il y a vingt ans qu'elle a cette femme de chambre ; et elle sait que celle-ci l'aime plus que toute chose au monde, et qu'elle a refusé d'aller demeurer chez d'autres dames qui lui offraient beaucoup plus d'argent. Quand votre mère est malade, cette pauvre femme ne veut pas se coucher, et elle reste avec la garde. D'ailleurs, elle a pu apprécier toute l'honnêteté de cette personne, qui lui a toujours donné de bons conseils, qui ne l'a jamais flattée. Quand on a le bonheur d'avoir un tel domestique, il ne faut plus le regarder que comme un ami, et il faut lui pardonner la liberté qu'il prend de nous gronder quelquefois, parce qu'on connaît que c'est par affection et pour notre bien ; mais ces sortes de serviteurs sont rares. Les domestiques m'ont fait oublier une jolie histoire que je voulais vous dire. Nous l'avons lue hier soir, Julia et moi. Elle va vous la raconter.

JULIA.

Il y avait un voyageur qui se perdit dans une forêt. La nuit étant venue, il entra dans une caverne pour y attendre le lendemain ; mais un moment après, il vit venir un lion vers cette caverne. Notre homme eut une grande frayeur, et crut que le lion l'allait manger. Cet animal marchait sur trois pattes et tenait la quatrième levée : il s'approcha du voyageur, et lui montra cette patte, où se trouvait, une grande épine. L'homme ôta l'épine, et ayant déchiré son mouchoir de poche, il enveloppa la blessure du lion. Ce dernier, pour le remercier, le caressa avec la douceur d'un chien, et, le lendemain, l'homme continua son voyage.

Quelques années après, cet homme ayant commis un crime fut condamné à être déchiré par les bêtes sauvages. Lorsqu'il fut dans un lieu qu'on nommait l'*arène*, on fit sortir contre lui un lion furieux, qui d'abord courut à lui pour le dévorer ; mais quand l'animal fut proche du condamné, il s'arrêta afin de le regarder, et l'ayant reconnu pour celui qui lui avait ôté l'épine du pied, il s'approcha de lui en remuant la tête et la queue, et en lui témoignant le plaisir qu'il avait de le revoir. L'empereur fut fort surpris de voir cela, et ayant fait venir l'homme, il lui demanda s'il connaissait ce lion : le criminel lui raconta son histoire, et l'empereur accorda la grâce du coupable.

CHARLOTTE.

Est-ce que les empereurs voyaient mourir les criminels ? Il me semble que cela était bien cruel.

MADEMOISELLE BONNE.

Oui, ma chère ; mais ce qu'il y a de plus abominable, c'est que les dames et tous les gens de qualité allaient voir cet affreux spectacle. On se divertissait aussi à regarder combattre des hommes qu'on nommait gladiateurs, et qui, pour de l'argent, se déchiraient par morceaux.

AUGUSTINE.

Je vous assure que je suis charmée de n'être point née au milieu de ce vilain peuple-là. L'autre jour, il y eut deux hommes qui se battaient devant ma fenêtre, je ne voulus pas les regarder. D'où vient qu'on n'empêche pas ces gens de se battre ? Si j'étais reine, je les ferais mettre en prison.

MADEMOISELLE BONNE.

Vous avez bien raison d'avoir horreur de ces choses, mes bons enfants. Mais il est tard, hâtons-nous de dire nos histoires. Commencez, Sidonie.

SIDONIE.

Vous savez que Jacob avait beaucoup d'enfants, et un grand nombre de domestiques ; il ne lui restait plus guère de blé pour faire du pain, et ayant appris qu'on en vendait dans l'Égypte, il dit à ses fils : « Prenez de l'argent, allez en Égypte pour acheter du blé. » Les dix enfants de Jacob partirent pour ce pays ; mais il garda auprès de lui le petit Benjamin. Lorsque les enfants de Jacob furent devant Joseph, ils ne le reconnurent pas ; quant à lui il les reconnut fort bien ; et faisant semblant d'être en colère, il leur dit : « Vous êtes des espions, vous êtes venus ici pour trahir le roi. » Ils lui répondirent, en se prosternant devant lui : « Seigneur, nous ne sommes point des espions, mais nous sommes frères et enfants du même père ; nous avons encore un frère à la maison, et un autre qui est mort il y a longtemps. » « Vous êtes des menteurs, poursuivit Joseph, et je ne vous croirai point, à moins que vous n'ameniez ici ce jeune frère que vous avez. » Alors les fils de Jacob, croyant que leur interlocuteur n'entendait pas leur langue, dirent : « Dieu nous punit pour avoir tué notre pauvre frère Joseph, qui nous priait d'avoir pitié de lui. » Joseph qui n'avait pas oublié la langue de son pays, les entendit fort bien, et reprit : « Retournez chez votre père pour ramener le petit Benjamin ; je garderai un de vous dans la prison, et, si vous ne revenez pas, je le ferai mourir. » Les neuf enfants de Jacob retournèrent auprès de leur père ; mais ils furent bien étonnés de retrouver dans leurs sacs l'argent qu'ils avaient donné pour payer le blé ; car Joseph avait commandé qu'on remît cet argent dans les sacs. Cependant ils racontèrent leur aventure à leur père ; Jacob cependant ne voulait point laisser aller Benjamin. Quand ils eurent mangé tout leur blé, il fallut pourtant retourner en Égypte ; et Juda, l'aîné des enfants de Jacob, lui dit qu'il répondait de son jeune frère, et Jacob les laissa partir.

MADEMOISELLE BONNE.

Continuez, Augustine.

LE MAGASIN DES ENFANTS

AUGUSTINE.

Joseph fut bien charmé quand il vit son petit frère ; et ayant fait sortir Siméon, qui était en prison, il commanda à un intendant de mener ces étrangers dans sa maison, parce qu'il voulait manger avec eux. Ils eurent peur après avoir entendu cela, et dirent à l'intendant : « Nous ne savons pas comment cela s'est fait, mais nous avons trouvé dans nos sacs l'argent que nous avions donné pour le blé lors de notre autre voyage. » L'intendant leur répondit : « Soyez tranquilles, j'ai reçu votre argent, je ne vous demande rien. » Quand Joseph fut venu, il demanda comment se portait Jacob, et regardant son frère, qui était comme lui fils de Rachel, les larmes lui vinrent aux yeux, et il se retira un moment. Ensuite ils se mirent à table, et Benjamin avait une portion cinq fois plus grosse que les autres. Le lendemain, Joseph ordonna à son intendant de leur donner du blé, mais il lui dit en même temps de cacher dans le sac de Benjamin une belle coupe d'or. Aussitôt que les enfants de Jacob furent un peu éloignés, le maître d'hôtel courut après eux et leur dit : « Vous êtes des voleurs et des méchants : mon maître vous a bien reçus dans sa maison ; et, pour le récompenser, vous avez emporté sa coupe d'or. » Ils répondirent tous : « Nous n'avons point fait cette mauvaise action ; et si vous trouvez la coupe parmi nous, nous consentons à être esclaves de votre maître. » Alors ils vidèrent leurs sacs, et on trouva la coupe dans le sac de Benjamin. Ils retournèrent auprès de Joseph, qui leur dit : « Il n'est pas juste que les innocents souffrent pour le coupable ; allez chez votre père, et le voleur sera mon esclave. » Juda, se jetant aux pieds de Joseph, lui dit : « Seigneur, ne vous mettez point en colère, je vous prie : permettez-moi d'être votre esclave à la place de Benjamin ; car si mon père nous voit sans ce frère, il mourra de chagrin. » Joseph, ne pouvant plus retenir ses pleurs, fit sortir tout le monde, et dit aux fils de Jacob : « Je suis Joseph votre frère, que vous avez vendu ; mais je vous pardonne. C'est Dieu qui a permis cela pour que je pusse vous donner du pain. » Cependant Pharaon ayant appris que Joseph avait retrouvé ses frères, en fut très content, et lui dit : « Prenez des chariots, et envoyez chercher votre père ; je veux qu'il vienne en Égypte avec sa famille, et je lui donnerai le plus beau pays de toute l'Égypte pour y demeurer. » Ensuite Joseph, après avoir beaucoup caressé ses frères, surtout Benjamin, leur fit de grands présents, et les envoya chercher leur père Jacob.

MADEMOISELLE BONNE.

Continuez, Charlotte.

CHARLOTTE.

Quand les enfants de Jacob furent arrivés, ils dirent à leur père : « Réjouis-sez-vous, votre fils Joseph n'est pas mort, il est devenu un grand seigneur : c'est lui qui a le blé de toute l'Égypte. » Jacob eut bien de la peine à croire cette bonne nouvelle ; mais quand il eut vu les présents, il remercia Dieu en pleurant de joie, et partit avec toute sa famille pour aller revoir son cher fils. Joseph, après l'avoir embrassé, le présenta au roi, qui lui demanda quel âge il avait. « J'ai cent trente ans, répondit Jacob, et les jours de mon voyage sur la terre ont été courts et fâcheux. »

Pharaon donna à Jacob et à ses enfants un fort beau pays, et celui-ci vécut encore plusieurs années. Avant de mourir, il prédit à ses enfants tout ce qui devait leur arriver, il affirma à Juda, son fils, que la couronne viendrait dans sa maison, et qu'elle n'en sortirait jamais. La vie de Joseph se prolongea encore longtemps ; et comme il lui avait été révélé que les descendants de Jacob, qu'on nommait *Israélites*, sortiraient un jour de l'Égypte, il fit jurer à ses enfants d'emporter ses os pour les mettre auprès de ceux de Jacob, enseveli à côté de ses pères.

EUGÉNIE.

Joseph était bien honnête homme de faire tant de bien à ses frères qui l'avaient traité si cruellement.

MADEMOISELLE BONNE.

Quand Jacob fut mort, les frères de Joseph eurent peur que celui-ci ne cherchât à se venger ; mais il les rassura, et leur dit toujours que son esclavage était arrivé par la volonté de Dieu, et qu'il le leur avait pardonné de tout son cœur.

JULIA.

Pour moi, j'admire la sagesse de Dieu, qui se sert de la malice des hommes pour faire réussir ses desseins.

Si tant de malheurs n'étaient pas arrivés à Joseph, il n'aurait pas eu le plaisir de sauver l'Égypte et sa famille, ni de pardonner à ses frères.

CHARLOTTE.

Est-ce qu'il y a du plaisir à pardonner à ceux qui nous ont fait beaucoup de mal ?

MADEMOISELLE BONNE.

Oui, ma chère, c'est le plus grand plaisir qu'il y ait au monde ; jugez-en par vous-même. Je suppose que vous soyez fort en colère contre moi, que vous me disiez des injures, que vous me preniez mon argent, que vous m'ayez crevé l'œil, et, qu'après tout ce mal que vous m'auriez fait, je vous trouvasse dans un bois prête à mourir de faim, et que je vous donnasse à manger ; n'est-il pas vrai que vous diriez : « J'étais bien méchante de faire du mal à cette personne qui est si bonne ? »

CHARLOTTE.

Vous me faites pleurer seulement en me disant cela ; je vous assure que j'aurais bien du regret de vous avoir causé toute cette peine ; je vous en demanderais pardon, et je tâcherais de vous faire tant de bien, que vous oublieriez toutes mes méchancetés.

MADEMOISELLE BONNE.

Ne voyez-vous pas, ma chère, combien je serais contente de vous voir devenir bonne ? Cela me donnerait beaucoup plus de plaisir que le mal que j'aurais pu vous faire en me vengeant.

EUGÉNIE.

Mais si Charlotte cherchait encore à vous faire du mal, vous n'auriez pas le plaisir de la voir devenir bonne.

CHARLOTTE.

Je vous assure que je ne suis pas si méchante que vous le pensez, et que jamais je ne voudrais faire du mal à mademoiselle, qui aurait été si bonne pour moi.

EUGÉNIE, en l'embrassant.

Je le sais bien, ma chère ; ce que je dis est seulement une supposition.

MADEMOISELLE BONNE.

Supposez donc que Charlotte, ou une autre, continuât d'être encore méchante, après que je lui aurais rendu le bien pour le mal ; il me resterait le plaisir d'être contente de moi, d'avoir fait mon devoir. Ce plaisir est le plus grand de tous ceux qu'on peut avoir, et nos ennemis ne sauraient nous l'ôter.

JULIA.

Voulez-vous me permettre de dire une jolie histoire dont je me souviens?

MADEMOISELLE BONNE.

Volontiers, ma chère.

JULIA.

Il y avait un homme, nommé Lycurgue, qui donna des lois à une ville qu'on appelait Sparte. Ces lois n'étaient pas du goût d'un jeune homme qui n'aimait pas Lycurgue, et ce jeune homme donna un coup de bâton au législateur et lui creva l'œil. Le peuple de Sparte dit à Lycurgue : « Prenez ce méchant garçon pour le punir selon votre fantaisie. » « Je le veux bien, répondit Lycurgue, et je le punirai d'une manière qui étonnera tout le monde. » Il le prit donc, le mena dans sa maison et le traita comme s'il eût été son fils. Tous les jours, il lui disait qu'il y avait beaucoup de plaisir à pardonner, à être doux et honnête. Ce jeune homme fut si touché de la bonté de Lycurgue, qu'il résolut de devenir aussi bon que lui, si cela était possible, et véritablement tout le monde fut étonné de la vengeance que Lycurgue en avait prise. Mais le jeune homme dit au peuple : « Il m'a puni plus sévèrement que vous ne pensez : s'il m'avait fait mourir, je n'aurais souffert qu'un moment, au lieu de cela, je souffrirai toute ma vie du regret de lui avoir crevé l'œil. »

MADEMOISELLE BONNE.

Cette histoire est fort belle, et vous l'avez fort bien racontée. Disons à présent un mot de la géographie, car il est tard. Je vous ai promis les noms des parties de l'Europe qui sont au sud ; il y en a cinq principales : au sud-ouest, on trouve le Portugal ; à l'est du Portugal on voit l'Espagne ; à l'est de l'Espagne, il y a une grande mer qu'on appelle *Méditerranée* ; après avoir traversé cette grande mer, on arrive à l'Italie qui est faite comme une botte ; à l'est de l'Italie vient la Turquie d'Europe ; et au nord-est de la Turquie d'Europe se trouve la petite Tartarie. La capitale du Portugal est Lisbonne ; celle de l'Espagne est Madrid ; celle de l'Italie est Rome ; celle de la Turquie est Constantinople. La petite Tartarie n'en a point, parce que ses peuples vivent sous des tentes comme faisait Abraham.

AUGUSTINE.

Julia a dit un mot que je ne comprends pas. Qu'est-ce qu'un législateur?

MADEMOISELLE BONNE.

C'est un homme qui donne des lois. Ainsi, comme Lycurgue a donné des lois à la ville de Sparte, on dit que c'est un législateur.

Moïse sauvé des eaux

DIALOGUE XII.

DIXIÈME JOURNÉE.

CHARLOTTE.

J'ai trouvé dans un livre bien des choses que j'ai apprises par cœur.

MADEMOISELLE BONNE.

Cela est très bien, ma chère ; mais, voyons ce qu'il en est.

CHARLOTTE.

J'ai appris à voyager sur toutes les mers de l'Europe, en passant par les détroits. Je me mets dans une mer qui est à l'est de l'Europe ; elle s'appelle la mer d'Azof. Je sors de cette mer par le détroit de Caffa, et j'entre dans la mer Noire. Je sors de la mer Noire par le détroit de Constantinople, et j'entre dans la mer de Marmara. Je sors de la mer de Marmara par le détroit des Dardanelles, et j'entre dans la mer Méditerranée. Entre l'Italie et la Sicile, je trouve le détroit ou le phare de Messine. Entre l'île de Corse et la Sardaigne qui sont aussi dans la Méditerranée, se présente le détroit de Boniface. Je sors de la mer Méditerranée par le détroit de Gibraltar, et j'entre dans le grand Océan. Entre la France et l'Angleterre, je vois la Manche, ou le canal Britannique ; de là je passe au Pas-de-Calais, ensuite à la mer du Nord ou d'Allemagne ; enfin, je passe par le Sund, et j'entre dans la mer Baltique.

MADEMOISELLE BONNE.

Reposez-vous, ma chère ; car vous avez fait un grand voyage.

Pour vous récompenser, je vais vous dire un joli conte.

LA BELLE AURORE.

CONTE.

Il y avait une fois une jolie dame qui avait deux filles : l'aînée, appelée *Aurore*, était belle comme le jour, et elle avait un assez bon caractère. La seconde, qui se nommait *Aimée*, était bien aussi belle que sa sœur, mais elle n'avait de l'esprit que pour faire du mal. La mère avait été aussi fort belle, seulement, elle commençait à n'être plus jeune, et cela lui donnait beaucoup de chagrin. Aurore avait seize ans, et Aimée n'en avait que douze ; ainsi la mère, qui craignait de paraître vieille, quitta le pays où tout le monde la connaissait, et envoya sa fille aînée à la campagne, parce que cette dame ne voulait pas qu'on sût qu'elle avait une fille aussi âgée. Elle garda la plus jeune auprès d'elle, alla dans une autre ville, et elle disait à tout le monde qu'Aimée n'avait que dix ans, et qu'elle l'avait eue ayant quinze ans.

Cependant, comme elle craignait qu'on ne découvrît sa tromperie, elle fit mener Aurore dans un pays éloigné, et celui qui conduisait la jeune fille alla dans un grand bois, où elle s'endormit en se reposant. Quand Aurore se réveilla, elle se vit toute seule dans ce bois, et elle se mit à pleurer. Il était presque nuit : s'étant levée, elle chercha à sortir de cette forêt ; mais au lieu de trouver son chemin, elle s'égara encore davantage. Enfin elle vit de bien loin une lumière, et étant allée de ce côté-là, elle trouva une petite maison. Aurore frappa à la porte ; une bergère vint lui ouvrir, et lui demanda ce qu'elle voulait. « Ma bonne mère, lui dit Aurore, je vous prie, par charité, de me donner la permission de coucher dans votre maison ; car si je reste dans le bois, je serai mangée par les loups. » « De tout mon cœur, ma belle fille, lui répondit la bergère. Mais dites-moi, pourquoi êtes-vous dans ce bois si tard? »

Aurore lui raconta son histoire, et ajouta : « Ne suis-je pas bien malheureuse d'avoir une mère aussi cruelle? Qu'est-ce que j'ai fait au bon Dieu pour être à ce point misérable? » « Ma chère enfant, répliqua la bergère, il ne faut jamais murmurer contre Dieu ; il est tout-puissant, il est sage, il vous aime, et vous devez croire qu'il n'a permis votre malheur que pour votre bien. Confiez-vous en lui, et mettez-vous bien dans la tête que Dieu protège les bons, et que les choses fâcheuses qui leur arrivent ne sont pas toujours des malheurs : demeurez avec moi, je vous servirai de mère. »

Aurore consentit à cette proposition, et le lendemain la bergère lui dit : « Je vais vous donner un petit troupeau à conduire ; mais j'ai peur que vous vous ennuyiez, ma belle fille ; ainsi, prenez une quenouille, et vous filerez, cela vous amusera. »

« Ma mère, répondit Aurore, je suis une fille de qualité, ainsi je ne sais pas travailler. »

« Prenez donc un livre, lui dit la bergère. »

« Je n'aime pas la lecture », repartit Aurore en rougissant. C'est qu'elle était honteuse d'avouer qu'elle ne savait pas lire comme il faut. Il fallut pourtant avouer qu'elle n'avait jamais voulu apprendre à lire quand elle était petite, et qu'elle n'en avait pas eu le temps quand elle était devenue grande.

« Vous aviez donc d'importantes affaires ? » demanda la bergère. « Oui, ma mère, répondit Aurore. J'allais me promener tous les matins avec mes bonnes amies ; après dîner je me coiffais ; le soir je restais à notre réunion, puis j'allais à l'Opéra, à la comédie, et la nuit au bal. »

« Véritablement, poursuivit la bergère, vous aviez de grandes occupations, et sans doute vous ne vous ennuyiez pas. »

« Je vous demande pardon, ma mère, continua Aurore. Dès que j'étais un quart d'heure toute seule, je m'ennuyais à mourir ; mais quand nous allions à la campagne, c'était bien pire, je passais toute la journée à me coiffer et à me décoiffer, pour m'amuser. »

« Vous n'étiez donc pas heureuse à la campagne ? » demanda encore la bergère.

« Je ne l'étais pas à la ville non plus, répondit Aurore. Si je jouais, je perdais mon argent ; si j'étais dans une réunion, je voyais mes compagnes mieux habillées que moi, et cela me chagrinait beaucoup ; si j'allais au bal, je n'étais occupée qu'à chercher des défauts à celles qui dansaient mieux que moi, enfin je n'ai jamais passé un jour sans avoir du chagrin. »

« Ne vous plaignez donc plus de la Providence, dit la paysanne ; en vous conduisant dans cette solitude, elle vous a ôté plus de chagrins que de plaisirs. Vous auriez été par la suite encore plus malheureuse ; car, enfin, on n'est pas toujours jeune ; le temps du bal, de la comédie, passe quand on devient vieille, et les jeunes gens se moquent de vous : d'ailleurs, on ne peut plus danser, on n'oserait plus se coiffer ; il faut donc s'ennuyer à mourir, et être fort malheureuse. »

« Mais, ma bonne mère, reprit Aurore, on ne peut pourtant pas rester seule ; la journée paraît longue comme un an, quand on n'a pas de compagnie. »

« Je vous demande pardon, ma chère, répondit la bergère ; je suis seule ici, et les années me paraissent courtes comme les jours. Si vous voulez, je vous apprendrai le secret de ne vous ennuyer jamais. »

« Je le veux bien, repartit Aurore ; vous pouvez me gouverner comme vous le jugerez à propos ; je promets de vous obéir. »

La bergère, profitant de la bonne volonté d'Aurore, lui écrivit sur un papier tout ce qu'elle devait faire. La journée entière était partagée entre la prière, la lecture, le travail et la promenade. Il n'y avait point d'horloge dans ce bois, et Aurore ne savait pas quelle heure il était ; mais la bergère connaissait l'heure par le soleil ; elle engagea Aurore à venir dîner : « Ma mère, dit cette belle fille, vous dînez de bonne heure, il n'y a pas longtemps que nous sommes levées. »

« Il est pourtant deux heures, reprit la bergère en souriant, et nous sommes levées depuis cinq heures ; mais, ma fille, quand on s'occupe utilement, le temps passe bien vite. »

Aurore s'appliqua de tout son cœur à la lecture et au travail ; et elle se trouvait mille fois plus heureuse au milieu de ses occupations champêtres qu'à la ville. « Je vois bien, répétait-elle souvent, que Dieu fait tout pour notre bien. Si ma mère n'avait pas été injuste et cruelle à mon égard, je serais restée dans mon ignorance ; alors, la vanité, l'oisiveté, le désir de plaire, m'auraient rendue méchante et malheureuse. »

Il y avait un an qu'Aurore était chez la bergère, lorsque le frère du roi vint chasser dans le bois. Ce prince se nommait *Ingénu*, et c'était le meilleur homme du monde : mais le roi son frère, qui s'appelait *Fourbin*, ne lui ressemblait pas, car il n'avait de plaisir qu'à tromper ses voisins, et à maltraiter ses sujets. Ingénu fut charmé de la beauté d'Aurore, et lui dit qu'il se croirait fort heureux, si elle voulait l'épouser.

Aurore le trouvait très aimable ; mais elle savait qu'une fille qui est sage n'écoute point les hommes qui tiennent de pareils discours : « Monsieur, répliqua-t-elle à Ingénu, si ce que vous dites est vrai, vous irez trouver ma mère, qui est une bergère ; si elle consent à ce que vous soyez mon mari, je le voudrai bien aussi, car elle est si sage, si raisonnable, que je ne lui désobéis jamais. »

« Ma belle fille, reprit Ingénu, j'irai de tout mon cœur vous demander à votre mère. » Il quitta Aurore et alla trouver la bergère, qui connaissait la vertu de ce prince et qui consentit de bon cœur au mariage. Ingénu promit de revenir dans trois jours, et partit le plus content du monde, après avoir donné sa bague pour gage. Cependant Aurore avait beaucoup d'impatience de retourner à la petite maison : Ingénu lui avait paru si aimable, qu'elle craignait que celle qu'elle appelait sa mère ne l'eût rebuté ; mais la bergère lui dit : « Ce n'est pas parce qu'Ingénu est prince que j'ai consenti à votre mariage avec lui, mais parce qu'il est le plus honnête homme du monde. »

Aurore attendait avec impatience le retour de celui-ci ; mais le second jour, après le départ de son fiancé, comme Aurore ramenait son troupeau, elle se laissa tomber si malheureusement dans un buisson, qu'elle se déchira tout le visage. Elle se regarda bien vite dans un ruisseau, et elle se fit peur, car le sang lui coulait de tous les côtés. « Ne suis-je pas bien malheureuse, dit-elle à la bergère en rentrant dans la maison ; Ingénu viendra demain matin, et il ne m'aimera plus, tant il me trouvera horrible. »

La bergère lui répondit en souriant : « Puisque le bon Dieu a permis que vous soyez tombée, sans doute que c'est pour votre bien ; vous savez qu'il vous aime, et qu'il sait mieux que vous ce qui vous est bon. »

Aurore reconnut sa faute, car c'en est une de murmurer contre la Providence, et elle dit en elle-même : « Si le prince Ingénu ne veut plus m'épouser parce que j'aurai cessé d'être belle, apparemment que j'aurais été malheureuse avec lui. »

Le lendemain matin, Aurore était effroyable, car son visage était horriblement enflé, et on ne lui voyait pas les yeux. Sur les dix heures du matin, on entendit un carrosse s'arrêter devant la porte ; mais, au lieu d'Ingénu, on en vit descendre le roi Fourbin ; un des courtisans qui étaient à la chasse avec le prince avertit le roi qu'Ingénu avait rencontré la plus belle fille du monde, et qu'il voulait l'épouser. « Vous êtes bien hardi de vouloir vous marier sans ma permission ! dit Fourbin à son frère ; pour vous punir, je veux épouser cette fille si elle est aussi belle qu'on le prétend. »

Fourbin, en entrant chez la bergère, lui demanda où était sa fille. « La voici », répondit la bergère en montrant Aurore. « Quoi ! ce monstre-là ? dit le roi et n'avez-vous point une autre fille à laquelle mon frère a donné sa bague? »

« Voici cette bague à mon doigt, répondit Aurore. » A ces mots, le roi fit un grand éclat de rire, et reprit : « Je ne croyais pas mon frère de si mauvais goût, mais je suis charmé de pouvoir le punir. »

En même temps il commanda à la bergère de mettre un voile sur la tête d'Aurore, et ayant envoyé chercher le prince Ingénu, il lui dit : « Mon frère, puisque vous aimez la belle Aurore, je veux que vous l'épousiez tout à l'heure. »

« Et moi, je ne veux tromper personne, interrompit Aurore en arrachant son voile ; regardez mon visage, Ingénu ; je suis devenue bien horrible depuis trois jours ; voulez-vous encore m'épouser ? »

« Vous paraissez plus aimable que jamais à mes yeux, répliqua le prince, car je reconnais que vous êtes encore plus vertueuse que je ne croyais. »

En même temps il lui donna la main. Fourbin riait de tout son cœur. Ce dernier ordonna donc qu'ils fussent mariés sur-le-champ, mais ensuite il dit à Ingénu : « Comme je n'aime pas les monstres, vous pouvez demeurer avec votre femme dans cette cabane, je vous défends d'amener Aurore à la cour. » En même temps il remonta dans son carrosse, et laissa Ingénu transporté de joie.

« Eh bien, demanda la bergère à Aurore, croyez-vous encore, être malheureuse d'être tombée ? Sans cet accident, le roi serait devenu épris de vous, et si vous n'aviez pas voulu l'épouser, il eût fait mourir Ingénu. »

« Vous avez raison, ma mère, reprit Aurore, mais pourtant je suis devenue laide à faire peur, et je crains que le prince n'ait du regret de m'avoir épousée. »

« Non, je vous assure, reprit Ingénu, on s'accoutume au visage d'une laide, mais on ne peut s'accoutumer à un mauvais caractère. »

« Je suis charmé de vos sentiments, dit la bergère, mais Aurore sera encore belle, j'ai une eau qui guérira son visage. » Effectivement, au bout de trois jours, le visage d'Aurore devint comme auparavant.

Cependant Fourbin, qui voulait se marier, fit partir plusieurs peintres pour lui apporter les portraits des plus belles filles. Il fut enchanté de celui d'Aimée, sœur d'Aurore, et ayant fait venir celle-ci à sa cour, il l'épousa. Aurore eut beaucoup d'inquiétude, quand elle sut que sa sœur était reine ; elle n'osait plus sortir, car elle savait combien Aimée était méchante, et combien elle la haïssait.

Au bout d'un an, Aurore eut un fils qu'on nomma *Beaujour*, et qu'elle aimait uniquement. Ce petit prince, lorsqu'il commença à parler, montra tant d'esprit, qu'il faisait tout le plaisir de ses parents. Un jour qu'il était devant la porte avec sa mère, elle s'endormit, et quand elle se réveilla, elle ne le trouva plus. Elle jeta de grands cris, et courut par toute la forêt pour le chercher vainement. La bergère avait beau la faire souvenir qu'il n'arrive rien que pour notre bien, elle eut toutes les peines du monde à consoler Aurore ; mais le lendemain, cette dernière fut contrainte d'avouer que la bergère avait raison. Fourbin et sa femme, enragés de n'avoir point d'enfants, envoyèrent des soldats pour tuer leur neveu ; et, voyant qu'on ne pouvait le trouver, ils mirent Ingénu, sa femme et la bergère dans une barque, et les firent exposer sur la mer, afin qu'on n'entendît jamais parler d'eux.

Pour cette fois, Aurore crut qu'elle devait se croire fort malheureuse ; mais la bergère lui répétait toujours que Dieu faisait tout pour le mieux. Comme le temps était très beau, la barque vogua tranquillement pendant trois jours, et aborda à une ville qui était sur le bord de mer. Le roi de cette ville avait une grande guerre, et les ennemis se montrèrent le lendemain. Ingénu, qui avait du courage, demanda quelques troupes au roi ; il fit plusieurs sorties, et eut le bonheur de tuer l'ennemi qui assiégeait la ville. Les assaillants, ayant perdu leur commandant, s'enfuirent, et le roi qui était attaqué n'ayant point d'enfants adopta Ingénu pour son fils, afin de lui marquer sa reconnaissance.

Quatre ans après, on apprit que Fourbin était mort de chagrin d'avoir épousé une méchante femme. Le peuple, qui la haïssait, la chassa honteusement et envoya des ambassadeurs à Ingénu pour lui offrir la couronne. Il s'embarqua avec sa femme et la bergère ; mais une grande tempête étant survenue ils firent naufrage et se trouvèrent dans une île déserte. Aurore, devenue sage par tout ce qui lui était arrivé, ne s'affligea point, et pensa que c'était pour leur bien que Dieu avait permis ce naufrage : ils mirent un grand bâton sur le rivage, et le tablier blanc de la bergère au bout de ce bâton, afin d'avertir les vaisseaux qui passeraient par là de venir à leur secours. Sur le soir, ils virent paraître une femme qui portait un petit enfant, et Aurore ne l'eut pas plus tôt regardé qu'elle reconnut son fils Beaujour. Elle demanda à la femme où elle avait pris cet enfant ; celle-ci lui répondit que son mari, qui était un corsaire, l'avait enlevé, mais qu'ayant fait naufrage proche de cette île, elle s'était sauvée avec l'enfant qu'elle tenait alors dans ses bras. Deux jours après, les vaisseaux qui cherchaient les corps d'Ingénu et d'Aurore, qu'on croyait morts, virent le signal de détresse, et, étant venus dans l'île, ils menèrent leur roi et sa famille dans leur royaume. Quelque accident qu'il arrivât à Aurore, elle ne murmura jamais ; parce qu'elle savait par son expérience que les choses qui nous paraissent des malheurs sont souvent la cause de notre félicité.

CHARLOTTE.

Je connais maintenant la raison qui me fait trouver la journée si longue : c'est que je suis paresseuse.

MADEMOISELLE BONNE.

Vous avez raison, ma chère ; la journée n'est longue que pour les paresseu-ses. Si vous voulez ne vous ennuyer jamais, il faut avoir un papier comme Aurore, où toutes les heures du jour seront employées utilement : si vous voulez, mes enfants, je vous donnerai à chacune un petit règlement, qui fera paraître les jours fort courts.

TOUTES ENSEMBLE.

Nous le voulons bien.

MADEMOISELLE BONNE.

Nous y travaillerons bientôt. En attendant, Augustine nous dira son histoire.

AUGUSTINE.

Les descendants de Jacob, appelés *Israélites*, eurent une grande quantité d'enfants, et cela fit un peuple nombreux. Longtemps après, un autre roi portant aussi le nom de *Pharaon*, et qui était né après la mort de Joseph, monta sur le trône. Ce méchant prince voulut faire périr les Israélites, et il les forçait de travailler à lui bâtir des villes ; mais plus ils travaillaient, plus ils se portaient bien, et plus ils avaient d'enfants. Pharaon, qui voulait les détruire, commanda qu'on jetât dans le Nil tous les enfants mâles des Israélites. Un homme de la tribu de Lévi eut un petit garçon qui était très beau, et que sa mère cacha pendant trois mois ; mais, comme elle avait peur qu'on ne découvrît l'enfant, elle fit un petit panier ; ayant mis son fils dedans, elle le porta sur le Nil, et laissa Marie, la sœur du pauvre petit, pour voir ce qu'il deviendrait. La fille de Pharaon vint pour se baigner, et, ayant vu cette corbeille, elle commanda à une de ses servantes de la prendre. Quand elle vit ce bel enfant, elle en eut pitié, et dit : « Je veux le sauver. » Marie qui entendit cela lui dit : « Madame, si vous voulez, j'irai vous chercher une nourrice. » Alors Marie alla chercher sa mère ; et la princesse, ayant nommé le petit Israélite *Moïse*, le donna à nourrir à sa propre mère, qu'elle ne connaissait pas.

MADEMOISELLE BONNE.

Continuez, Charlotte.

CHARLOTTE.

Quand Moïse fut grand, la fille de Pharaon le prit pour son fils ; mais les richesses et les plaisirs de la cour ne lui firent point oublier les Israélites, ses frères. Un jour, il en vit un qui était menacé de mort par un Égyptien, et Moïse tua cet Égyptien : il le cacha dans du sable, et croyait fermement ne pas avoir été vu. Le lendemain il trouva deux Israélites qui se querellaient, il leur dit : « Pourquoi vous querellez-vous ? Vous êtes frères, il faut vivre en paix. » Un de ces Israélites lui dit : « De quoi vous mêlez-vous ? voulez-vous aussi me tuer, comme vous avez tué hier un Égyptien ? » Moïse fut très effrayé, et ayant appris que le roi voulait le faire mourir, il s'enfuit dans un autre pays. Quand il eut beaucoup marché, il s'assit près d'un puits pour se reposer, et il vit là sept filles qui étaient sœurs, et dont le père se nommait Jéthro. Ces filles ayant tiré de l'eau pour faire boire leurs troupeaux, il vint des bergers qui voulaient les chasser : Moïse défendit les premières, et quand elles furent retournées chez leur père, elles lui racontèrent ce qui s'était passé... Jéthro leur dit : « Pourquoi n'avez-vous pas prié cet honnête homme d'entrer pour manger avec nous ? » Jéthro fit donc venir Moïse, et, par la suite, il lui donna en mariage une de ses filles, qui se nommait *Séphora*.

MADEMOISELLE BONNE.

Continuez, Sidonie.

SIDONIE.

Moïse gardait un jour les troupeaux de son beau-père Jéthro, et il vint jusqu'à la montagne d'Horem. Là, il vit un buisson tout en feu, mais pourtant ce buisson ne brûlait pas. Moïse s'approcha pour admirer une telle merveille ; alors il entendit une voix qui lui dit : « Ôtez vos souliers, car ce lieu est saint. » Alors Moïse se prosterna la face contre terre, et la voix lui dit : « Je suis le Dieu d'Abraham, d'Isaac et de Jacob ; j'ai entendu le cri de mon peuple qui est en Égypte, car les Israélites sont mon peuple ; c'est pourquoi je te commande d'aller vers eux pour les délivrer, et tu leur diras que tu viens de ma part. » « Seigneur, répondit Moïse, je ne sais pas votre nom, comment pourrais-je le leur dire ? » « Je suis celui qui est, reprit la voix, va-t'en trouver Pharaon, et tu lui demanderas la permission de mener mon peuple dans le désert, pour sacrifier pendant trois jours. » « Seigneur, reprit Moïse, Pharaon ne voudra pas me croire, et il me fera mourir. » « Je serai avec toi, poursuivit la voix, et je te donnerai le pouvoir de faire des miracles. Jette à terre la petite baguette que tu as à la main. » Moïse obéit, et cette baguette ou verge fut d'abord changée en serpent. Moïse eut peur et s'enfuit, mais la voix lui dit : « Prends ce serpent par la queue, aussitôt il reviendra baguette. » Cela arriva comme la voix l'avait annoncé, cependant Moïse n'était pas encore rassuré. La voix lui commanda de se mettre la main dans le sein ; elle fut subitement couverte de lèpre ; et puis ayant mis une autre fois la main lépreuse au même endroit, elle fut guérie. Quoique Moïse connût par ces miracles que c'était Dieu qui lui parlait, il avait bien de la peine à se résoudre à aller trouver Pharaon, et dit : « Seigneur, vous savez que je n'ai pas la langue fort libre : j'ai eu toute ma vie beaucoup de peine à prononcer, et depuis que je vous ai parlé, j'ai beaucoup plus de peine qu'auparavant. » La voix lui répondit : « Qui a fait la bouche du muet et de celui qui parle ? n'est-ce pas moi ? Va-t'en, je serai dans ta bouche, et j'enverrai au-devant de toi ton frère Aaron, qui parle aisément ; il sera ton interprète. » Moïse quitta donc cette montagne, et retourna en Égypte. Comme il était en chemin, Aaron vint au-devant de lui, comme Dieu le lui avait promis.

CHARLOTTE.

Mon Dieu, que cette histoire de la sainte Écriture est belle !

SIDONIE.

Je vous prie, ma bonne amie, dites-moi ce que cela veut dire : *Je suis celui qui est ?*

MADEMOISELLE BONNE.

Cela veut dire : *Je suis Dieu par moi-même, et sans le secours de personne. J'ai toujours été. Je serai toujours. Tout ce qui est sur la terre n'est rien en comparaison de moi. Les rois, les empereurs, les conquérants, les riches, les nobles, tout cela ne subsiste que par ma volonté ; le monde entier est moins devant moi qu'un grain de poussière ; je pourrais le détruire dans un instant. Je suis seul, je suis tout ce qu'il y a de bon.*

EUGÉNIE.

Mais vous dites qu'il n'y a que Dieu qui est. Il me semble pourtant que je suis aussi quelque chose ; la terre, le soleil, les hommes sont quelque chose aussi.

MADEMOISELLE BONNE.

Vous êtes quelque chose, cela est vrai ; vous avez l'être ; mais cet être que vous avez, Dieu vous l'a prêté, il lui appartient, il peut vous l'ôter dans un moment. Si je vous prêtais ma robe, vous ne pourriez pas dire que cette robe fût à vous : eh bien ! votre corps, votre âme, votre esprit, vos parents, vos richesses, en un mot tout ce que vous avez est à Dieu. Il n'y a que Dieu à qui on n'a jamais rien donné ni prêté, parce que rien n'était avant lui, et que tout ce qui existe vient de lui. Il est donc le maître de tout ce qu'il a, de tout ce qu'il donne, c'est-à-dire de tout ce qui existe. Voyez, mes enfants, combien il mérite de reconnaissance et d'amour ! Il est notre père, notre maître, notre bienfaiteur, il nous chérit comme ses enfants ; nous serions donc bien méchantes si nous refusions de l'aimer et de lui obéir.

JULIA.

Pour moi, quand je lis les histoires que ces demoiselles viennent de répéter, je ne puis m'empêcher de frémir de respect.

MADEMOISELLE BONNE.

Vous avez raison, ma chère. Nous sommes si petits devant Dieu que nous ne pouvons être assez pénétrés de respect en sa présence. Dieu est partout, mais il est d'une manière particulière dans les temples et dans les lieux où l'on prie. C'est donc un grand péché de lui manquer de respect dans ces lieux, d'y parler, d'y rire, d'y tourner la tête. C'est donc un péché aussi que de faire ses prières sans attention.

AUGUSTINE.

J'ai quelquefois commis ce péché, mais je veux me corriger, et avant ma prière, je prendrai un petit moment pour penser que je vais parler à Dieu.

MADEMOISELLE BONNE.

Je vous assure, si vous faites cela, que vous n'aurez pas envie de tourner la tête. C'est une excellente habitude de se souvenir souvent de la présence de Dieu. On ne devient méchante que parce qu'on l'oublie. Si, avant de mentir, de se mettre en colère, d'être gourmande, on pensait : « je vais commettre ces fautes devant Dieu, il me regarde, il hait les méchants, il peut les punir et peut-être va-t-il me punir tout à l'heure » ; si, dis-je, on pensait à cela, on ne serait pas assez téméraire pour faire ces fautes. Adieu, mesdemoiselles, je...

SIDONIE.

Mademoiselle, avant de vous en aller, expliquez-moi, je vous prie, un mot que je n'entends pas. On nous dit que le père de Moïse était de la tribu de Lévi, qu'est-ce qu'une tribu.

MADEMOISELLE BONNE.

Tribu veut dire famille. Vous savez, mes enfants, que Jacob avait douze fils ; cela faisait douze familles, qu'on appela tribus. Je vais vous les nommer : Ruben, Siméon, Lévi, Juda, Issachar, Zabulon, Dan, Gad, Aser, Nephtali, Joseph, Benjamin. C'était donc là les douze tribus d'Israël, c'est-à-dire les douze familles issues de Jacob. Mais comme Jacob adopta deux des fils de Joseph, qui s'appelaient Manassé et Ephraïm, cela fit deux demi-tribus ou familles, pour représenter la tribu de Joseph. Quand vous m'avez interrompue, j'allais vous dire que nous irons dîner à la campagne après demain, et que, si vous voulez venir le matin, nous partirons toutes ensemble.

L'ange de la destruction en Egypte

DIALOGUE XIII.

ONZIÈME JOURNÉE.

MADEMOISELLE BONNE.

Pendant le chemin, mesdemoiselles, je vais vous raconter un joli conte que j'ai lu quelque part.

CONTE DES TROIS SOUHAITS

Il y avait une fois un homme qui n'était pas riche ; il épousa une jolie femme. Un soir, en hiver, qu'ils étaient auprès de leur feu, ils s'entretenaient du bonheur de leurs voisins, qui étaient plus riches qu'eux. « Oh ! si j'étais la maîtresse d'avoir tout ce que je souhaiterais, dit la femme, je serais bientôt plus heureuse que tous ces gens-là. » « Et moi aussi, » dit le mari. Au même instant, ils virent dans la chambre une très belle dame qui leur parla ainsi : « Je suis une fée, je vous promets de vous accorder les trois premières choses que vous demanderez. Mais prenez-y garde, après avoir souhaité trois choses, je ne vous accorderai plus rien. »

La fée ayant disparu, cet homme et cette femme furent très embarrassés. « Pour moi, dit la femme, si je suis la maîtresse, je sais bien ce que je voudrai : je ne souhaite pas encore, mais il me semble qu'il n'y a rien de si bon que d'être belle, riche et grande dame. » « Mais, répondit le mari, en étant de la sorte, on peut devenir malade, chagrine ; on peut mourir jeune : il serait plus sage de souhaiter de la santé, de la joie et une longue vie. » « Et à quoi servirait une longue vie si l'on était pauvre? repartit la femme. En vérité, la fée aurait dû nous promettre de nous accorder une douzaine de dons. » « Cela est vrai, dit le mari, mais prenons du temps. Examinons d'ici à demain matin les trois choses qui nous sont le plus nécessaires, et nous les demanderons ensuite. En attendant, chauffons-nous, car il fait froid. »

En même temps la femme prit les pincettes et raviva le feu ; comme elle vit qu'il y avait beaucoup de charbons bien allumés, elle dit sans y penser : « Voilà un bon feu, je voudrais avoir une aune de boudin pour notre souper, nous pourrions le faire cuire bien aisément. » A peine eut-elle achevé ces paroles, qu'il tomba une aune de boudin par la cheminée. « Peste soit de la gourmande avec son boudin ! s'écria le mari ; ne voilà-t-il pas un beau souhait ! nous n'en avons plus que deux à faire. Pour moi, je suis si en colère, que je voudrais que tu eusses le boudin au bout du nez. » Dans le moment, l'homme s'aperçut qu'il était encore plus fou que la femme ; car, par ce second souhait, le boudin sauta au bout du nez de cette pauvre femme qui ne put jamais l'arracher. « Que je suis malheureuse! s'écria-t-elle ; tu es un méchant d'avoir souhaité ce boudin au bout de mon nez. » « Je te jure, ma chère femme, que je n'y pensais pas, répondit le mari ; mais que ferons-nous? Je vais désirer de grandes richesses, et je te ferai faire un étui d'or pour cacher ce boudin. » « Gardez-vous en bien, reprit la femme, car je me tuerais s'il fallait vivre avec une pareille chose à mon nez : croyez-moi, il nous reste un souhait à faire, laissez-le moi, ou je vais me jeter par la fenêtre. » En disant ces paroles, elle courut ouvrir la fenêtre ; et son mari, qui l'aimait, cria: « Arrête, ma chère femme ! je te donne la permission de souhaiter tout ce que tu voudras. »

« Eh bien, dit la femme, je souhaite que le boudin tombe à terre. Dans le moment, le boudin se détacha, et la femme, qui avait de l'esprit, dit à son mari : « La fée s'est moquée de nous, et elle a bien fait. Peut-être aurions-nous été plus malheureux étant riches, que nous le sommes à présent. Crois-moi, mon ami, ne souhaitons rien, et prenons les choses comme il plaira à Dieu de nous les envoyer ; en attendant, soupons avec notre boudin, puisqu'il ne nous reste que cela de nos souhaits. » Le mari pensa que sa femme avait raison : ils soupèrent gaiement, et ne s'embarrassèrent plus des choses qu'ils avaient eu dessein de souhaiter.

JULIA.

Cette femme souhaitait une douzaine de dons ; mais avec tout cela elle aurait pu être encore plus malheureuse. Par exemple, si elle eût désiré un bon dîner, il aurait fallu avoir aussi un bon appétit pour le manger ; et puis de la modération pour n'en point prendre trop, afin de n'être pas malade : voilà trois souhaits pour un dîner.

AUGUSTINE.

Si j'avais la liberté de souhaiter quelque chose, je voudrais être tout d'un coup la plus savante du monde.

MADEMOISELLE BONNE.

Mais, ma chère, cela ne serait pas assez : il faudrait souhaiter encore faire un bon usage de votre science ; car sans cela, elle pourrait servir à vous rendre plus sotte, plus orgueilleuse et plus méchante.

CHARLOTTE.

Et moi je demanderais de devenir la meilleure de toutes les filles ; car j'ai beaucoup de peine à n'être plus méchante.

MADEMOISELLE BONNE.

Il n'y a rien à dire à ce souhait, il est parfaitement bon. Mais, ma chère, il y a encore un avantage que vous ne connaissez pas. Je suppose que vous ayez envie d'être belle, d'être riche, ou quelque chose de semblable, vous aurez beau souhaiter toute votre vie, vous ne serez jamais ni plus riche, ni plus belle. Les souhaits que nous faisons ne nous avancent à rien. Mais dès qu'on souhaite véritablement être bonne et vertueuse, on commence à le devenir. Remarquez, mes enfants, ces paroles : Quand on souhaite véritablement, c'est-à-dire, quand on travaille à le devenir et qu'on prend toute la peine nécessaire pour cela. Charlotte, n'est-il pas vrai que vous souhaiteriez être bonne tout d'un coup, pour être débarrassée de la peine de vous corriger de vos défauts ?

CHARLOTTE.

Tout justement ; je crois que vous devinez. Je vous assure que je prends beaucoup de peine ; et malgré cela, à tous moments je fais des fautes ; j'ai peur de ne me corriger jamais.

MADEMOISELLE BONNE.

C'est la paresse qui vous donne cette peur, ma bonne amie. Retenez bien qu'on se corrige toujours quand on répare ses fautes. Si vous vouliez aller d'ici à Versailles, et que vous tombassiez à chaque pas, vous seriez sans doute bien longtemps à faire ce chemin, mais enfin vous y arriveriez, pourvu que vous eussiez soin de vous relever. Si, au contraire, vous disiez : Je tombe trop souvent, et cela me donne trop de peine de me relever, ainsi je veux rester à terre ; certainement vous n'arriveriez jamais. Il en est ainsi du voyage que nous faisons pour acquérir la vertu.

CHARLOTTE.

Je ne croyais pas être paresseuse, j'aime à travailler, à apprendre par cœur ; et je sais une grande leçon de géographie.

MADEMOISELLE BONNE.

On peut être paresseuse, quoiqu'on aime à travailler et à apprendre, mais d'une paresse d'esprit qui est bien dangereuse, car elle ôte le courage. Voyons donc cette leçon de géographie que vous avez apprise.

CHARLOTTE.

J'ai appris à connaître toutes les montagnes de l'Europe, et les presqu'îles.

On trouve dans la Grande-Bretagne, entre l'Angleterre et l'Écosse, les monts Cheviot : les montagnes Dofrines sont entre la Norwége et la Suède : les montagnes des Pyrénées sont entre la France et l'Espagne ; les Alpes entre la France, la Savoie et l'Italie ; les Apennins traversent l'Italie ; et dans la Hongrie, on trouve les monts Krapaks.

Il y a dans l'Europe deux presqu'îles qui ont des isthmes. L'une est la Morée, au sud de l'Europe, dans la Turquie européenne ; elle est jointe à la terre ferme par l'isthme de Corinthe. L'autre est la Crimée, au nord de la mer Noire, et elle est jointe à la terre ferme par l'isthme de Pérékop. On dit que le Jutland, qui est au roi du Danemark, est aussi une presqu'île.

MADEMOISELLE BONNE.

Très bien, voyons si ces demoiselles savent leur histoire, commencez Augustine.

AUGUSTINE.

Moïse et Aaron vinrent trouver Pharaon, et lui dirent. « Le Dieu éternel te commande de laisser aller son peuple dans le désert, afin qu'il lui offre un sacrifice. » Pharaon répondit : « Je ne connais pas le Dieu éternel. » Ce méchant roi envoya chercher ceux qui faisaient travailler les Israélites, et leur dit : « Augmentez le labeur de ce peuple ; c'est parce que vous ne lui en donnez pas assez, qu'il a le temps de souhaiter se rendre au désert. » Les Israélites voyant qu'ils étaient plus malheureux qu'auparavant, dirent à Moïse : « Vous êtes cause de notre malheur ; pourquoi avez-vous dit à Pharaon de nous laisser aller dans le désert ? » Alors Moïse invoqua le Seigneur : « Vous voyez que mes frères sont en colère contre moi. » Le Seigneur lui répondit : « Je suis le Dieu d'Abraham, d'Isaac et de Jacob. Je donnerai aux Israélites la terre de Chanaan, qui est le meilleur pays du monde. Retournez à Pharaon, et Aaron fera des prodiges en sa présence. » Moïse et Aaron allèrent encore trouver le roi ; et Aaron ayant jeté sa verge contre terre, elle fut changée en dragon. Les magiciens de Pharaon changèrent aussi leurs baguettes en dragons ; mais le dragon d'Aaron mangea les dragons des magiciens. Ensuite Aaron frappa de sa baguette les eaux du fleuve, et elles furent changées en sang ; ces eaux étaient puantes, et firent mourir tous les poissons ; mais comme les magiciens changeaient aussi les eaux en sang, Pharaon ne voulut point laisser partir les Israélites.

MADEMOISELLE BONNE.

Continuez, Sidonie.

SIDONIE.

Dieu commanda ensuite à Aaron d'étendre sa verge. Une grande quantité de grenouilles vinrent dans l'Égypte : elles montaient dans les maisons, dans les lits, dans les fours, et jusque dans la chambre du roi. Alors Pharaon dit à Moïse : « Prie ton Dieu qu'il fasse mourir ces grenouilles, et je permettrai aux Israélites de s'éloigner. » Moïse pria Dieu, et les grenouilles disparurent ; mais Pharaon ne voulut pas tenir sa promesse. Alors Dieu envoya une grande quantité de poux dans l'Égypte, puis dans les bêtes, ensuite une grosse grêle qui tuait les hommes et les animaux ; il envoya aussi des plaies sur tous les hommes, et à midi on ne voyait pas clair, parce que la terre était couverte d'un affreux brouillard ; il n'y avait que dans le pays des Israélites où tous ces malheurs n'arrivaient pas : mais cela n'ébranla pas la volonté de Pharaon. Alors Dieu dit à Moïse : « Que chaque famille des Israélites prenne un agneau ou un chevreau ; ils le tueront le quatorzième jour de ce mois, et ils frotteront avec son sang toutes leurs portes. On doit faire rôtir cet agneau ou ce chevreau et le manger avec du pain sans levain et des laitues amères ; il faudra tout manger, et s'il en reste quelque chose, le brûler. Vous ferez ce repas debout, à la hâte, ayant des habits de voyageurs, car je vais vous tirer d'Égypte, et, tous les ans, vous célébrerez votre délivrance pendant sept jours, en mangeant du pain sans levain. »

MADEMOISELLE BONNE.

Continuez, Charlotte.

CHARLOTTE.

Les Israélites firent tout ce qui leur était ordonné. Sur le minuit, Dieu envoya son ange, qui tua les fils aînés des Égyptiens, depuis le fils du roi jusqu'à ceux des esclaves ; mais il ne mourut personne dans les maisons dont les portes étaient arrosées du sang de l'agneau. Alors Pharaon et le peuple firent de grands cris, et dirent aux Israélites : « Partez au plus tôt et priez Dieu pour nous. » Quand les Israélites sortirent de l'Égypte, ils étaient six cent mille hommes, sans compter les femmes et les enfants. Dieu leur recommanda de ne jamais oublier de manger l'agneau tous les ans, pour célébrer leur délivrance, et d'en donner à ceux qui ne s'étaient pas soumis aux cérémonies distinguant les Israélites des autres peuples.

CHARLOTTE.

Qu'est-ce qu'une cérémonie?

MADEMOISELLE BONNE.

Il y en a de plusieurs sortes, mes enfants. Par exemple, manger l'agneau pascal debout, en habit de voyageur, avec des laitues amères et un bâton à la main, cela était une cérémonie. Dieu commanda aux Juifs de lui offrir les premiers-nés. Non-seulement on les offrait, mais on les donnait au Seigneur. Les parents, après cela, étaient obligés de les racheter, et ils donnaient, à la place de leurs enfants, un agneau ou deux tourterelles.

EUGÉNIE.

Je suis l'aînée ; ainsi, si j'avais vécu dans ce temps-là, on m'aurait offerte au Seigneur.

MADEMOISELLE BONNE.

Vous devez vous offrir vous-même comme les prémices de la famille. Allons dîner, et, après le dîner, nous irons nous promener dans le jardin.

Aaron et Hur soutenant Moïse

DIALOGUE XIV.

CHARLOTTE.

Mademoiselle Bonne, on m'a donné une estampe, et l'on m'a dit qu'en me l'expliquant vous me raconteriez une jolie fable.

MADEMOISELLE BONNE.

Approchez, Julia, et venez expliquer cette estampe.

CHARLOTTE.

Mais vous lui cachez les noms ; comment voulez-vous qu'elle les devine ?

MADEMOISELLE BONNE.

Elle n'a pas besoin de lire les noms des personnages qui sont représentés là pour les connaître : quand on sait bien l'histoire et la fable, on explique tous les tableaux, toutes les tapisseries et toutes les estampes.

JULIA.

Ce vieillard et cette bonne femme, dont les habits sont si usés, c'est le mari et la femme ; on les appelle Philémon et Baucis.

Ce grand homme qui a une oie entre les jambes, c'est Jupiter, que les païens nommaient le dieu du ciel ; et cet autre qui est à côté de lui, c'est son fils Mercure, l'ambassadeur des dieux, et le protecteur des marchands et des voleurs.

J'aurais, je crois, reconnu ces deux vieilles gens ; mais cette oie qui se sauve entre les jambes de Jupiter suffisait pour me faire comprendre l'estampe. Si mademoiselle Bonne veut me permettre, je vous raconterai la fable dont ils sont les héros, et vous verrez après cela qu'il n'était pas difficile de la deviner.

MADEMOISELLE BONNE.

Je le veux bien, ma chère.

JULIA.

Jupiter et Mercure prirent un jour une figure humaine et allèrent voyager. Ils arrivèrent un soir dans un grand village et demandèrent à coucher par charité ; mais personne ne voulut les recevoir. Après avoir frappé à toutes les portes, ils se rendirent à une petite cabane, couverte de paille et de feuilles d'arbre ; le maître de cette cabane était un pauvre vieillard nommé Philémon ; il vivait en paix avec Baucis, sa femme. Les dieux les prièrent de leur laisser passer la nuit dans la cabane, et ces bonnes gens y consentirent de bon cœur. D'abord Philémon pria Baucis de faire chauffer de l'eau pour laver les pieds des étrangers ; et la vieille femme, pour allumer plus vite le feu, cassa quelques branches de celles qui couvraient leur petite maison ; ensuite elle souffla le feu avec ses lèvres, car elle n'avait pas de soufflet. Lorsque l'eau fut chaude, Philémon prit un plat de bois qui était attaché à la muraille avec une cheville, et pendant qu'il lavait les pieds des voyageurs, Baucis nettoya la table, la frotta avec de la menthe, pour lui donner une bonne odeur ; et mit un morceau de tuile sous un des pieds de cette table, parce qu'il était un peu cassé. Il n'y avait point de chaises dans cette pauvre maison, et il fallait s'asseoir sur un banc ; Baucis, pour le rendre moins dur, le couvrit d'un vieux morceau de tapisserie dont elle ornait son lit les jours de fête ; elle courut aussi au jardin et apporta des prunes sur une feuille de vigne, un peu de miel dans une moitié de plat, et un morceau de fromage. Ils se mirent tous à table, et Philémon demanda pardon aux étrangers de les recevoir si mal. Tout d'un coup, il se souvint qu'il avait une oie, et résolut de la tuer afin de rendre le souper meilleur. Il se leva donc avec sa femme dans le but d'attraper l'oie, mais cet animal se sauvait tantôt dans un coin, tantôt dans un autre ; et les bonnes gens, à force d'avoir couru, étaient tout en sueur.

A la fin, l'oie se réfugia entre les jambes de Jupiter, et ce dieu dit à Philémon et à Baucis : « Je suis content de votre charité ; suivez-moi sur cette grande montagne. » En même temps il parut environné de lumière, aussi bien que Mercure. Lorsqu'ils furent sur la montagne, Jupiter leur dit : « Regardez derrière vous. » Ils obéirent, et virent qu'il n'y avait plus de village ; il n'y avait qu'une grande quantité d'eau, car Jupiter, pour punir la dureté des habitants de ce village, les avait tous noyés, en faisant venir un lac dans cet endroit ; mais, au milieu de ce lac, on voyait la petite cabane des vieilles gens, qui avait été conservée. Comme ils étaient charitables, ils s'affligèrent du malheur de leurs voisins, quoique ces gens ne leur eussent jamais fait que du mal.

Jupiter dit alors : « Demandez-moi une récompense, et je vous l'accorderai. » Les deux vieillards se consultèrent ; après quoi Philémon dit à Jupiter : « Puisque vous avez la bonté de vouloir nous récompenser, transportez notre petite maison sur cette montagne, changez-la en un temple où vous soyez adoré ; que je sois votre prêtre et Baucis votre prêtresse, et faites que nous y mourions ensemble le même jour, afin que je n'aie pas la douleur de pleurer ma chère Baucis, et qu'elle n'ait point de larmes à répandre pour son tendre Philémon. » Jupiter accorda ce qui lui était demandé : la maison fut changée en un temple, et les bonnes gens y vécurent en paix plusieurs années.

Un jour qu'ils étaient assis devant la porte du temple et qu'ils s'entretenaient de l'amour qu'ils devaient aux dieux, Philémon voulut se lever, mais il s'aperçut qu'il n'avait point de jambes, et qu'elles étaient changées en arbre. Baucis voulut aller pour le secourir : elle connut que le même changement était arrivé en elle. Elle dit donc adieu à son cher Philémon ; il lui parla tant qu'il eut l'usage de la parole ; mais l'écorce, montant petit à petit les enveloppa entièrement, et ils devinrent deux beaux arbres, qui restèrent toujours à la porte du temple.

Vous voyez qu'après avoir lu cette fable, il n'était pas difficile d'expliquer l'estampe.

EUGÉNIE.

Je vois aussi que Julia n'est jamais fière de ce qu'elle sait. Si j'en avais dit autant, je serais toute glorieuse.

MADEMOISELLE BONNE.

Julia a bien raison de ne pas être glorieuse d'avoir expliqué cette fable : cela prouve qu'elle a de la mémoire ; mais cette mémoire, ce n'est pas elle qui se l'est donnée : c'est un présent de Dieu.

EUGÉNIE.

Je sais que sa mémoire est un présent de Dieu, mais l'application qu'elle met à en profiter mérite des louanges.

JULIA, embrassant Eugénie.

Vous êtes bien bonne, ma chère amie, de penser si bien de moi.

MADEMOISELLE BONNE.

J'ai beaucoup de plaisir à voir Eugénie aussi changée. Autrefois, ma chère, vous auriez été chagrine et jalouse de la mémoire et de l'application de votre compagne ; aujourd'hui, cela vous fait plaisir, vous en êtes contente : en corrigeant votre orgueil, vous avez chassé la jalousie et tous les chagrins qu'elle vous causait. Vous vous faites aimer de vos compagnes, qui souhaitent vous voir souvent, parce qu'au lieu de chercher à les mortifier, vous n'êtes occupée qu'à leur dire des choses agréables. N'est-il pas vrai, ma chère, que votre cœur est mille fois plus content qu'il ne l'était autrefois ?

EUGÉNIE.

Cela est bien vrai, mais je fais encore bien des fautes. Par exemple, je n'ai pas encore pardonné à M. de B... , qui a dit que j'étais une peste.

MADEMOISELLE BONNE.

Comment, ma chère ! c'est l'homme du monde auquel vous avez les plus grandes obligations. Rendez-vous justice ; M. de B... avait raison : ce n'est point par méchanceté qu'il disait cela ; au contraire, il vous aime ; il s'est fort bien aperçu de votre conversion, et il disait, il y a trois jours, que si vous continuez, vous serez la plus aimable femme de Paris ; or, nous devons chercher à plaire à tout le monde, pourvu que ce soit par nos vertus ; et rien n'est si mal que de dire : « Il m'est indifférent qu'on me méprise. »

CHARLOTTE.

J'ai dit cette sottise-là bien des fois, mais je ne le pensais pas : c'était par dépit et par rage que je parlais ainsi.

MADEMOISELLE BONNE.

C'était une triste vengeance. C'est comme si vous mettiez le feu à une belle maison que vous auriez, pour brûler l'écurie de votre voisin qui serait à côté. Mais ne parlons plus de cela. Nous allons à présent dire nos histoires.

AUGUSTINE.

Ma bonne amie, je vous prie, auparavant, de m'expliquer deux mots que je n'entends pas. Qu'est-ce qu'un hôte ? Qu'est-ce qu'un lac ?

MADEMOISELLE BONNE.

Ce mot d'*hôte* a deux significations. Quelquefois il veut dire une personne chez laquelle on loge et l'on mange. Ainsi, le maître d'une auberge s'appelle un hôte, et sa femme une hôtesse. Quelquefois aussi il veut dire des personnes qui viennent manger et coucher chez nous ; comme dans la fable de Philémon et de Baucis : Jupiter et Mercure étaient leurs hôtes. Julia va nous dire ce que c'est qu'un lac, et la différence qu'il y a entre les mers, les rivières, les fleuves et les lacs.

JULIA.

Une mer est une grande quantité d'eaux qui ne sortent point de leur place et qui ne coulent point comme les rivières.

MADEMOISELLE BONNE.

Celles-ci coulent ou marchent toujours ; mettez-vous sur le Pont-Neuf, vous verrez que l'eau ne se tient point tranquille, et qu'elle va toujours du côté des Champs-Elysées. Les rivières sortent ordinairement des montagnes, et coulent sans cesse , jusqu'à ce qu'elles trouvent une autre rivière où elles se perdent ; mais si elles ne rencontrent point de rivière dans leur chemin, et qu'elles aillent jusqu'à la mer, alors on les nomme fleuves. Un fleuve est donc une grande rivière, qui ordinairement porte son nom jusqu'à la mer.

CHARLOTTE.

Je n'entends pas bien cela.

MADEMOISELLE BONNE.

Vous le comprendrez en regardant une carte. Voyez-vous cette grande rivière qu'on appelle le Rhône ? Voilà plusieurs autres rivières qui viennent se perdre en elle. Eu voilà surtout deux grandes, la Saône et l'Isère. Quand la Saône et l'Isère ont joint le Rhône, il n'y a plus de Saône et d'Isère, mais seulement le Rhône, qui court encore fort longtemps, et puis va se jeter dans la mer.

Quand le Rhône arrive à la mer, on le nomme encore le Rhône : c'est donc un fleuve. Je dis que cela arrive ordinairement, mais pas toujours ; car le Rhin, qui coule à l'ouest de l'Allemagne, ne va pas jusqu'à la mer, mais il se perd dans le sable. Julia, dites-nous ce que c'est qu'un lac, et combien il y a de grands lacs en Europe.

JULIA.

Un lac est comme une petite mer, car ses eaux ne coulent pas. Il y en a deux dans la Moscovie, le lac Onéga et le lac Ladoga ; un au nord-est de la Suisse, qu'on appelle le lac de Constance, et un près de Genève, le lac de Genève. Le fleuve du Rhône passe à travers ce dernier lac.

MADEMOISELLE BONNE.

Augustine voudra bien passer à l'histoire.

AUGUSTINE.

Lorsque Moïse et les Israélites entrèrent dans le désert, le Seigneur ordonna à son ange de les conduire. Le jour, cet ange marchait devant eux dans une nuée, et la nuit dans une colonne de feu qui les éclairait. Cependant Pharaon eut regret d'avoir laissé partir ce peuple ; et, ayant assemblé une grande armée, il courut après lui. Quand les Israélites virent les Égyptiens, ils eurent une grande peur. Mais Moïse, en ayant eu connaissance, les exhorta à mettre leur confiance en Dieu, et il pria le Seigneur d'avoir pitié de son peuple. En même temps, l'ange qui était devant les Israélites passa derrière et se mit entre eux et les Égyptiens. Du côté des Israélites, il faisait jour, car la colonne de feu les éclairait ; mais du côté des Égyptiens, il n'y avait qu'une nuée : ainsi, ils ne voyaient pas ceux qu'ils poursuivaient, car cette nuée était comme un grand brouillard. Alors Moïse, par ordre du Seigneur, leva sa baguette sur la mer Rouge, et aussitôt cette mer s'ouvrit en deux ; en sorte que l'eau formait comme deux murs, et qu'on pouvait passer sans se mouiller au milieu de cette mer ; pendant toute la nuit, les Israélites allèrent en avant, et les Égyptiens crurent qu'ils pouvaient passer de la même manière ; mais quand ceux-ci furent dans la mer avec Pharaon, leur roi, les eaux qui étaient suspendues revinrent à leur place, et tous les Égyptiens furent noyés, sans qu'il s'en sauvât un seul. Alors Moïse, Aaron et leur sœur Marie chantèrent, avec le peuple, un cantique de louange au Seigneur, qui les avait sauvés de leurs ennemis.

MADEMOISELLE BONNE.

Continuez, Charlotte.

CHARLOTTE.

Les Israélites arrivèrent dans un lieu où les eaux étaient si amères qu'il n'était pas possible d'en boire. Ils recommencèrent à murmurer contre Moïse ; mais ce saint homme, sans se rebuter de leur ingratitude, pria le Seigneur. Dieu lui commanda de jeter dans ces eaux d'un certain bois, et en même temps elles devinrent douces. Ensuite, les Israélites entrèrent dans un grand désert où il n'y avait rien à manger, et ils se plaignirent encore. Moïse pria le Seigneur, qui fit tomber sur la terre une grande rosée, et sur cette rosée, de petits grains comme de la grêle. Alors Moïse dit au peuple : « Voici le pain que Dieu vous envoie ; qu'on en ramasse une mesure pour chaque personne, mais il ne faut pas en garder pour le lendemain. » Le peuple, qui n'avait jamais rien vu comme ces petits grains, les appela *manne*. Chacun s'empressa d'en ramasser ; mais il y en eut quelques-uns qui désobéirent à Moïse et qui en gardèrent pour le lendemain ; ils furent bien surpris quand ils la voulurent manger le matin ; car cette manne sentait mauvais et était pleine de vers. Cependant Moïse dit au peuple de la part de Dieu : « Vous recueillerez chacun une mesure de manne pendant cinq jours, mais le sixième jour, vous en ramasserez deux mesures ; celle-là se conservera bonne et fraîche pour le lendemain, car il n'en tombera pas le septième jour. Ce septième jour sera consacré au Seigneur, et il ne sera pas permis de travailler ce jour-là. » Les choses arrivèrent comme Moïse les avait prédites, et la manne, qui se gâtait du jour au lendemain pendant la semaine, se conserva bonne le jour du Seigneur, et ce septième jour fut appelé *sabbat*. Moïse commanda aussi à Aaron de prendre une mesure de cette manne et de la garder comme un témoignage du miracle que Dieu avait fait pour les Israélites, qui en mangèrent pendant quarante ans ; mais les paresseux, qui n'aimaient pas à se lever matin en manquaient, car la manne se fondait au soleil.

MADEMOISELLE BONNE.

C'est votre tour, Sidonie.

SIDONIE.

Les Israélites, étant allés dans un autre endroit, manquèrent d'eau ; et, oubliant tous les miracles que Dieu avait faits pour eux, ils dirent à Moïse : « Pourquoi nous as-tu tirés de l'Égypte et nous as-tu menés ici pour mourir de soif avec nos familles et nos troupeaux? » Moïse leur répondit : « Ce n'est pas contre moi que vous murmurez, mais contre Dieu ; toutefois, je vais le prier qu'il vous donne de l'eau. » Alors Moïse, par ordre du Seigneur, frappa un rocher avec sa baguette, et il en sortit une grande quantité d'eau. Ensuite, il y eut un roi, nommé Amalec, qui vint avec une grande armée pour combattre les Israélites. Moïse commanda à Josué de choisir des soldats parmi le peuple et d'aller combattre Amalec. Pendant la bataille, Moïse, Aaron et Hur montèrent sur la montagne, et Moïse levait les mains au ciel en implorant le Seigneur ; mais comme il avait les bras fatigués, il fut obligé de les baisser. Or, les Israélites, qui avaient été vainqueurs pendant que Moïse avait les mains élevées furent battus aussitôt qu'il les eut abaissées. Quand il vit cela, il s'assit sur une pierre ; Aaron et Hur lui tenaient chacun un bras, et les Amalécites, sujets d'Amalec, furent contraints de s'enfuir ; Dieu leur déclara une guerre éternelle, et commanda à Moïse d'écrire toutes ces choses.

EUGÉNIE.

Toutes ces histoires sont si surprenantes qu'on a bien de la peine à les croire.

MADEMOISELLE BONNE.

Vous oubliez, ma chère, que rien n'est impossible à Dieu.

EUGÉNIE.

Je le sais. Mais n'est-il pas vrai que Moïse pourrait fort bien avoir écrit des choses qui ne seraient pas exactes ? Je vous prie de me dire comment il est permis de s'assurer qu'il a dit la vérité.

MADEMOISELLE BONNE.

Je le ferai de tout mon cœur, ma chère ; je suis bien aise de voir que vous écoutez comme une personne raisonnable, et que vous voulez des preuves ; c'est le moyen de n'être jamais trompée. Nous savons que Dieu peut faire des miracles, et nous voulons avoir la certitude qu'il a fait ceux que Moïse a racontés. N'est-ce pas cela que vous me demandez ?

EUGÉNIE.

Oui, ma bonne amie.

MADEMOISELLE BONNE.

Si Moïse avait écrit des mensonges, les Israélites, qui n'étaient pas complaisants, lui auraient donné un démenti, et lui auraient objecté : « Pourquoi dites-vous que nous avons passé la mer Rouge, que nous avons mangé de la manne qui tombait du ciel ? » Et ainsi de suite. « Nous sommes trois cent mille hommes qui aurions vu ces choses, si elles étaient vraies. Allez, vous êtes un fourbe, vous ne méritez pas qu'on vous écoute. »

Si on mettait dans les journaux qu'il est tombé une pluie de feu sur toute la ville, n'est-il pas vrai que vous diriez : « L'homme qui a écrit ce papier est un menteur ? » N'est-il pas vrai que, dans les journaux qui paraîtront demain, on se moquerait de cet imposteur?

AUGUSTINE.

Sans doute.

MADEMOISELLE BONNE.

Mais si cet homme vous disait ensuite : « Vous savez que c'est moi qui ai fait tomber ce feu ; ainsi je suis bien puissant, vous devez m'obéir » : que lui répondriez-vous?

AUGUSTINE.

Je lui dirais : Vous êtes un extravagant.

MADEMOISELLE BONNE.

Eh bien! ma chère, les Israélites, n'ont pas répondu cela à Moïse. Pourquoi ? C'est qu'ils avaient vu les miracles que Dieu avait faits et dont Moïse leur parlait.

JULIA.

Permettez-moi, ma bonne amie, de faire aussi une réflexion. Si Moïse avait écrit une histoire faite à plaisir, il me semble qu'il n'aurait pas mis dans cette histoire ce qui lui arriva quand il vit tout ce buisson en feu qui ne brûlait point. Moïse ne montra pas beaucoup de courage alors : il s'excusa plusieurs fois, et répétait toujours qu'il avait de la peine à parler. Il me semble que s'il n'avait pas voulu écrire la vérité, il eût dit : *D'abord que Dieu m'eut parlé, je n'eus pas de peur, et je dis : J'irai délivrer le peuple, et je ne crains point Pharaon.*

MADEMOISELLE BONNE.

Votre remarque est excellente, ma chère. Quand un homme écrit une histoire, et qu'il avoue les sottises qu'il a faites, on peut juger hardiment que cet homme dit la vérité ; car s'il était un imposteur, il mentirait à son avantage ; vous verrez par la suite que Moïse continue à avouer ses fautes.

EUGÉNIE.

J'ai pourtant entendu un savant qui disait que la mer Rouge se retire de temps en temps, et que Moïse, sachant cela, avait pris ce temps pour la passer.

MADEMOISELLE BONNE.

Il fallait donc qu'il fût bien adroit pour faire durer le passage des Israélites justement jusqu'au temps où la mer devait revenir à sa place, afin de faire noyer les Égyptiens. Il fallait encore que les Égyptiens fussent de grands ignorants, car enfin ils ne demeuraient pas loin de la mer Rouge : si cette mer se retirait, ils devaient le savoir et ils n'auraient eu garde d'y entrer.

SIDONIE.

Pour moi, ma Bonne, je pense que les Israélites étaient bien ingrats de murmurer sans cesse contre Moïse qui leur avait obtenu de si grandes grâces, en priant Dieu.

MADEMOISELLE BONNE.

Cela est vrai, ma chère ; mais nous sommes aussi ingrats que ce peuple, puisque nous désobéissons à Dieu, malgré les miracles que nous voyons tous les jours.

CHARLOTTE.

Mais je n'ai jamais vu de miracles.

MADEMOISELLE BONNE.

Ouvrez les yeux, ma chère, et regardez le soleil, la lune, les étoiles ; regardez la terre et la mer ; regardez-vous vous-même. Nous sommes environnés de miracles auxquels nous ne pensons pas, parce que nous les voyons tous les jours. Ce soleil, qui éclaire les hommes depuis le commencement du monde, est précisément placé comme il le faut pour nous être utile. S'il était plus haut, il ne pourrait pas échauffer la terre. S'il était plus bas, il la brûlerait, et nous aussi. N'est-ce pas un miracle qu'il reste toujours à la même hauteur depuis si longtemps ?

JULIA.

J'ai ouï dire qu'il y a un pays d'où le soleil est bien plus proche que chez nous, et où il fait une chaleur insupportable.

MADEMOISELLE BONNE.

C'est dans l'Afrique, dans le milieu de l'Amérique et au sud de l'Asie. Cette chaleur est supportable pour les habitants de ces régions, auxquels Dieu a donné des corps faits pour la souffrir, mais les étrangers y sont malades.

Voyez-vous sur la carte d'Afrique ce pays, qu'on appelle Égypte? Il y fait très chaud, et il n'y pleut jamais, ou du moins très rarement.

Cependant l'Égypte est un pays fertile. Dieu y a placé ce grand fleuve que vous voyez et qu'on nomme le Nil. Tous les ans, il sort de sa place, va couvrir toutes les terres d'Égypte pendant plusieurs mois, et les fertilise par une boue ou limon qu'il leur apporte.

Aussi a-t-on bâti les villes dans les lieux élevés, et l'on a fait des ponts qui mènent d'une cité à une autre. Adieu, mesdemoiselles, je me suis plu à vous entretenir, et il est bien tard.

Le veau d'or

DIALOGUE XV.

AUGUSTINE.

Ma chère demoiselle Bonne, je voudrais savoir d'où vient la pluie.

MADEMOISELLE BONNE.

Des mers, des rivières et de toutes les eaux qui sont sur la terre.

AUGUSTINE.

Comment ! est-ce que l'eau qui est dans la mer et les rivières peut monter au ciel ?

MADEMOISELLE BONNE, découvrant une théière.

Comment l'eau qui est dans cette théière a-t-elle monté au couvercle ? Vous voyez qu'il en est tout plein quoique la théière ne soit pas à moitié remplie. Quand l'eau commence à chauffer et surtout à bouillir, vous avez remarqué qu'elle produit de la fumée : eh bien ! ce qui vous paraît de la fumée, c'est la partie la plus délicate de l'eau, qu'on appelle *vapeur*, et elle est fort subtile. Or, la chaleur du soleil attire perpétuellement les parties de l'eau les plus subtiles ; elles s'élèvent en vapeurs et l'air les soutient quand il n'y en a guère, mais quand il y en a une grande quantité, l'air ne peut plus les supporter ; l'eau crève l'air et retombe en pluie sur la terre.

EUGÉNIE.

Mais je ne croyais pas que l'air pût soutenir quelque chose ; l'air est comme rien, car j'ai beau regarder autour de moi, je ne le vois pas.

MADEMOISELLE BONNE.

Cela vient, ma chère Eugénie, de ce que vos yeux ne sont pas assez bons pour le voir. Il y a bien des choses que nous ne distinguons pas et qui sont pourtant. Par exemple, voyez-vous une grande poussière dans cette chambre ?

EUGÉNIE.

Non, mademoiselle, mais c'est qu'il n'y en a pas.

MADEMOISELLE BONNE.

Allez regarder au bout de la chambre, dans l'endroit où il fait soleil, et vous verrez s'il n'y a pas de poussière.

EUGÉNIE.

Il y a là un grand nombre de petites choses qui remuent toujours.

MADEMOISELLE BONNE.

Ces petites choses se nomment des *atomes*. Tout l'air en est plein ; mais les parties de l'air sont beaucoup plus fines et plus petites, c'est pour cela que vous ne les voyez pas.

SIDONIE.

Est-ce que l'air, dont les parties sont si petites, a une couleur ?

MADEMOISELLE BONNE.

Oui, mes enfants. Levez les yeux au ciel : de quelle nuance est-il?

AUGUSTINE.

Il est bleu.

MADEMOISELLE BONNE.

Eh bien ! ma chère, ce que vous appelez le ciel, c'est l'air qui se rassemble et qui se presse là-haut. Vous ne voyez pas les atomes à l'endroit où il ne fait pas soleil, parce qu'ils sont trop éloignés les uns des autres et trop petits ; mais je vais vous en faire venir une grande quantité ; ils seront alors plus pressés, et vous les verrez. (*Mademoiselle Bonne prend un balai et balaye la chambre.*)

EUGÉNIE.

Ah ! ma bonne amie, quelle poussière ! Je ne vois plus clair, elle m'aveugle.

MADEMOISELLE BONNE.

Vous distinguez donc la poussière ou les atomes, car c'est la même chose, parce que j'en ai fait lever une grande quantité et que tous ces grains se touchent ; par la raison contraire, vous n'apercevez pas l'air qui nous environne, parce que ses parties ne sont pas pressées les unes contre les autres ; mais elles se rassemblent là-haut, et alors vous les voyez. Je vais vous faire comprendre cela par un exemple : en versant du vin dans un verre, vous remarquez qu'il est bien rouge ; j'en vais prendre une goutte avec mon doigt et la jeter sur mon mouchoir. Regardez, mes enfants, ce vin sur mon mouchoir n'est pas si rouge que le vin qui est dans le verre, parce que, dans le verre, il y a une plus grande quantité de parties et qu'elles sont plus rapprochées, mieux jointes ensemble que sur mon mouchoir. Voyez aussi cette aiguillée de soie rouge ; elle parait moins rouge toute seule que dans l'écheveau, et cela par la même raison.

EUGÉNIE.

Eh bien ! ma bonne, je suppose que l'air soit un corps composé d'un grand nombre de petites parties bleues ; mais je ne conçois pas que ces petits corps, dont les parties sont si faibles, puissent soutenir l'eau qui est plus pesante puisque ses parties sont assez grosses pour que je les voie.

MADEMOISELLE BONNE.

Vous allez devenir physicienne : un oiseau est plus lourd que l'air, cependant l'air le soutient bien. N'avez-vous jamais été dans un jardin après une grande pluie ?

EUGÉNIE.

Oui, ma bonne amie.

MADEMOISELLE BONNE.

N'avez-vous point remarqué qu'il pend des gouttes d'eau à tous les petits bouts des branches ou des feuilles ?

EUGÉNIE.

Cela est vrai, et je m'arrête toujours à les regarder, surtout quand le soleil donne sur ces gouttes ; cela me paraît comme des diamants qui sont à toutes les feuilles.

MADEMOISELLE BONNE.

Qu'est-ce qui soutient ces diamants au bout des feuilles ? C'est l'air qui, par conséquent, est plus lourd qu'eux ; mais à la fin la petite boule d'eau grossit, parce que le reste de l'eau qui est sur la feuille ou la branche se joint à cette petite boule, alors elle devient plus lourde que l'air, elle crève et tombe à terre.

EUGÉNIE.

Je comprends fort bien cela-à présent. L'eau sans doute est plus lourde que l'air, quand il y a une égale quantité d'eau et d'air ; mais cela n'empêche pas qu'une grande quantité d'air puisse porter une petite quantité d'eau. C'est comme le vaisseau dont vous nous parliez il y a quelque temps : par lui-même, il est plus pesant que l'eau, mais pourtant il y a une si grande quantité d'eau sous le vaisseau qu'elle le porte et le soutient.

MADEMOISELLE BONNE.

Justement, ma chère.

AUGUSTINE.

Mais, ma bonne amie, vous avez dit qu'Eugénie allait devenir physicienne ; est-ce que les dames doivent savoir la physique ?

MADEMOISELLE BONNE.

Ma chère, le mot *physique* veut dire une science qui apprend à connaître tous les corps. Un physicien est donc un homme qui connaît la nature de l'air, du feu, de l'eau, de la terre ; il connaît aussi les arbres, les plantes, les fleurs, les minéraux et les métaux ; et les dames peuvent savoir tout cela.

CHARLOTTE.

Qu'est-ce que les minéraux et les métaux ?

MADEMOISELLE BONNE.

L'or, l'argent, le cuivre et les autres choses qui viennent dans la terre.

AUGUSTINE.

Est-ce que l'or vient de la terre ?

MADEMOISELLE BONNE.

Oui, ma chère. Je veux à présent vous raconter une petite fable, après quoi nous répéterons nos histoires.

CONTE DU PÊCHEUR ET DU VOYAGEUR

Il y avait une fois un homme qui n'avait pour tout bien qu'une pauvre cabane sur le bord d'une petite rivière : il gagnait sa vie à prendre du poisson, mais cet homme ne gagnait pas grand'chose et ne vivait guère que de pain et d'eau.

Cependant, il était content dans sa pauvreté, parce qu'il ne souhaitait rien de plus que ce qu'il avait. Un jour, il lui prit fantaisie de voir la ville ; comme il pensait à s'y rendre, il rencontra un voyageur qui lui demanda s'il y avait bien loin jusqu'à un village pour trouver une maison où l'on pût coucher.

« Il y a six lieues, répondit le pêcheur, et il est bien tard ; si vous voulez passer la nuit dans ma cabane, je vous l'offre de bon cœur. » Le voyageur accepta, et le pêcheur, qui voulait le régaler, alluma du feu pour faire cuire quelques petits poissons. Pendant que ce dernier apprêtait le souper, il riait, il chantait et paraissait de fort bonne humeur.

« Que vous êtes heureux, lui dit son hôte, de pouvoir vous divertir ! je donnerais tout ce que je possède au monde pour être aussi gai que vous. »

« Et qui vous en empêche? demanda le pêcheur. Ma joie ne me coûte rien. Est-ce que vous avez quelque grand chagrin qui ne vous permet pas de vous réjouir ? »

« Hélas ! reprit le voyageur, tout le monde me croit le plus heureux des hommes. J'étais marchand et je gagnais une grande fortune, mais je n'avais pas un moment de repos ; je craignais toujours qu'on ne me fit banqueroute, que mes marchandises ne se gâtassent, que les vaisseaux que j'avais sur la mer ne fissent naufrage ; aussi j'ai quitté le commerce pour essayer d'être plus tranquille, et j'ai acheté une charge chez le roi. D'abord, j'ai eu le bonheur de plaire au prince ; je suis devenu son favori, et je croyais que j'allais être content, mais j'ai connu bientôt que j'étais plus l'esclave du prince que son favori. Il fallait à tout moment renoncer à mes inclinations pour suivre les siennes. Il aimait la chasse et moi le repos : cependant j'étais obligé de courir avec lui les bois toute la journée ; je revenais au palais bien fatigué et avec une grande envie de me coucher, mais la reine donnait un bal, un festin, on me faisait l'honneur de m'en prier ; pour faire ma cour au roi, j'y allais en enrageant. Cependant l'amitié du prince me consolait un peu. Il y a environ quinze jours qu'il s'est avisé de parler d'un air d'amitié à un des seigneurs de sa cour, il lui a donné deux commissions et a dit qu'il le croyait un fort honnête homme. Dès ce moment, j'ai bien vu que j'étais perdu et j'ai passé plusieurs nuits sans dormir. »

« Mais, dit le pêcheur en interrompant son hôte, est-ce que le roi vous faisait mauvais visage et ne vous aimait plus? »

« Pardonnez-moi, répondit cet homme, le roi me faisait plus d'amitié qu'à l'ordinaire ; mais pensez donc qu'il ne m'aimait plus tout seul et que tout le monde disait que ce seigneur allait devenir un second favori : j'ai manqué en mourir de chagrin. Je me retirai hier soir dans ma chambre, j'étais fort triste, et quand je fus seul je me mis à pleurer. Tout à coup, je vis un grand homme, d'une physionomie fort agréable, qui me dit : « Azaël, j'ai pitié de ta misère ; veux-tu devenir tranquille? Renonce à l'amour des richesses et au désir des honneurs, quitte la cour et marche pendant deux jours par le premier chemin qui s'offrira à ta vue ; la folie d'un homme te prépare un spectacle capable de te guérir pour jamais de l'ambition. Quand tu auras marché pendant deux jours, reviens sur tes pas, et je crois fermement qu'il ne tiendra qu'à toi de vivre gai et tranquille. » J'ai déjà marché un jour entier pour obéir à ce conseiller et je marcherai encore demain, mais j'ai bien de la peine à espérer le repos qu'il m'a promis. »

Le pêcheur, ayant écouté cette histoire, ne put qu'être fort surpris de voir un homme faire dépendre son bonheur des regards et des paroles d'un prince.

« Je serai charmé de vous revoir et d'apprendre votre guérison, dit-il au courtisan ; achevez votre voyage, et, dans deux jours, revenez dans ma cabane ; je vais aller à la ville et je m'imagine que je me divertirai beaucoup de tous les fracas qu'il doit y avoir là. »

« Vous avez une mauvaise pensée, répliqua le voyageur, puisque vous êtes heureux à présent, pourquoi cherchez-vous à vous rendre misérable ? Votre cabane vous paraît suffisante aujourd'hui, mais quand vous aurez vu les palais des grands, elle vous semblera bien petite et bien chétive. Vous êtes content de votre habit, parce qu'il vous couvre, mais il vous fera mal au cœur quand vous aurez examiné les superbes vêtements des riches. »

« Monsieur, repartit le pêcheur, le monde est plein de ces gens qui conseillent les autres, pendant qu'ils ne peuvent se gouverner eux-mêmes. »

Le voyageur ne répliqua rien, parce qu'il n'est pas honnête de contredire les gens dans leur maison ; et, le lendemain, il continua son voyage pendant que le pêcheur commençait le sien. Au bout de deux jours, Azaël, qui n'avait rien rencontré d'extraordinaire, revint à la cabane. Il trouva le pêcheur assis devant sa porte, la tête appuyée dans sa main et les yeux fixés contre terre. « A quoi pensez-vous ? lui demanda Azaël. »

« Je pense que je suis fort malheureux, répondit notre homme. Qu'est-ce que j'ai fait à Dieu, pour m'avoir rendu si pauvre, pendant qu'il y a une grande quantité d'hommes riches et contents ? »

Dans le moment, l'homme qui avait commandé à Azaël de marcher pendant deux jours, et qui était un ange, parut. « Pourquoi n'as-tu pas suivi les conseils d'Azaël ? dit-il au pêcheur. La vue des magnificences de la ville a fait naître chez toi l'avarice et l'ambition ; elles ont chassé de ton esprit la joie et la paix. Modère tes désirs, et tu recouvreras ces précieux avantages. »

« Cela vous est bien aisé à dire, reprit le pêcheur ; mais cela ne m'est pas possible, et je sens que je serai toujours malheureux, à moins qu'il ne plaise à Dieu de changer ma situation. »

« Dieu exauce quelquefois les vœux de l'ambitieux, poursuivit l'ange, mais pour le punir. »

« Eh ! que vous importe ? dit le pêcheur : s'il ne tenait qu'à souhaiter, je ne m'embarrasserais guère de vos menaces. »

« Puisque tu veux te perdre, reprit l'ange, j'y consens : tu peux souhaiter trois choses, Dieu te les accordera. » Le pêcheur, transporté de joie souhaita que sa cabane fût changée en un palais magnifique, et aussitôt son souhait fut accompli. Le pêcheur, après avoir admiré ce palais, souhaita que la petite rivière qui était devant sa porte fût transformée en une grande mer, ce qui se réalisa. Il lui restait un troisième désira formuler ; il y rêva quelque temps, et ensuite il souhaita que sa petite barque devînt un vaisseau superbe, chargé d'or et de diamants. Aussitôt que notre ambitieux vit le vaisseau, il y courut pour admirer les richesses dont il était devenu maître ; mais à peine y fut-il entré, qu'il s'éleva un grand orage. Le pêcheur voulut revenir au rivage et descendre à terre, mais il le tenta en vain. Ce fut alors qu'il maudit son ambition : regrets inutiles, la mer l'engloutit avec toutes ses richesses et l'ange dit à Azaël : « Que cet exemple te rende sage. La fin de cet homme est presque toujours celle de l'ambitieux. La cour où tu vis présentement est une mer fameuse par les naufrages et les tempêtes : pendant que tu le peux encore, gagne le rivage. »

Azaël, effrayé, promit d'obéir à l'ange et lui tint parole. Il quitta la cour et vint demeurer à la campagne, où il se maria avec une fille qui avait plus de vertu que de beauté et de fortune. Au lieu de chercher à augmenter ses richesses, il ne s'appliqua plus qu'à en jouir avec modération et à en distribuer le superflu aux pauvres. Il se vit alors heureux et content, et il ne passa aucun jour sans remercier Dieu de l'avoir guéri de l'avarice et de l'ambition, qui avaient jusqu'alors empoisonné tout le bonheur de sa vie.

JULIA.

Est-il possible que l'ambition rende les gens si malheureux ?

MADEMOISELLE BONNE.

Demandez à mademoiselle Eugénie ce qu'elle a souffert dans le temps où elle n'était occupée que du désir de plaire, de faire briller son esprit et d'être louée.

EUGÉNIE.

Il est vrai que j'étais bien misérable ; si j'étais dans une réunion, et qu'il vint une jeune dame à qui on fit quelque politesse, cela me mettait de mauvaise humeur ; il me semblait qu'on me volait toutes les louanges qu'on lui donnait, et je la haïssais.

MADEMOISELLE BONNE.

Nous n'avons pas trop de temps pour réciter notre histoire et notre géographie. Commencez, Augustine.

AUGUSTINE.

Jéthro, beau-père de Moïse, ayant appris les grands miracles que Dieu faisait opérer à celui-ci, vint voir ce gendre, et lui amena sa femme et deux enfants qu'il avait. Or Jéthro, ayant vu que Moïse passait toute la journée à prendre connaissance des affaires du peuple, lui dit : « Si vous continuez à vous donner cette peine, vous tomberez malade ; croyez-moi, choisissez les plus honnêtes gens, qui écouteront le peuple, et qui vous rendront compte de toutes les affaires. » Moïse suivit ce conseil, et après avoir fêté son beau-père , ils se séparèrent. Ensuite les Israélites arrivèrent près de la montagne de Sinaï, et Dieu dit à Moïse : « Allez sur cette montagne, mais que le peuple n'approche pas ; car il mourrait. » Moïse monta sur le mont Sinaï, et la majesté de Dieu y parut ; car la montagne était environnée de fumée. Il en sortait un tonnerre terrible ; elle était pleine de feux et d'éclairs, et ce fut au milieu de ces feux que Moïse reçut les dix commandements que le Seigneur faisait à son peuple, pour lui montrer qu'il était un Dieu puissant, et qu'il saurait se venger et punir les hommes qui seraient assez ingrats pour lui désobéir. Et ces dix commandements que Dieu donna aux Israélites sont ceux qu'on nous a appris, et que nous répétons tous les jours dans nos prières.

MADEMOISELLE BONNE.

Continuez, Sidonie.

SIDONIE.

Dieu appela Moïse sur la montagne une autre fois, et le prophète y resta quarante jours et quarante nuits. Pendant ce temps, le Seigneur lui donna des lois pour son peuple, et lui commanda de bâtir une arche ainsi qu'un tabernacle qui devaient être consacrés au Créateur. Dieu lui expliqua la façon dont cette arche devait être construite, et ce qu'il fallait faire lorsqu'on lui sacrifierait quelque chose, puis il commanda de prendre Aaron et ses enfants pour être sacrificateurs et grands prêtres. Mais, pendant que Moïse parlait à Dieu, comme un ami à son ami, les Israélites, oubliant les miracles que le Tout-Puissant avait accomplis pour l'amour d'eux, dirent à Aaron : « Faites-nous des dieux comme ceux qui étaient en Égypte, afin qu'ils marchent devant nous, car ce Moïse, nous ne savons ce qu'il est devenu. » Aaron, craignant que le peuple ne le tuât, leur répondit. « Donnez-moi les pendants d'oreilles de vos filles et de vos femmes. » Ils se hâtèrent d'apporter leurs bijoux, et Aaron en fit un veau d'or qu'ils adorèrent répétant : « C'est ici le Dieu qui nous a tirés de l'Égypte. » Le Seigneur dit à Moïse qui était sur la montagne : « Le peuple, présentement, a commis un grand crime, c'est pourquoi je veux le faire périr, et je te donnerai un autre peuple. » Mais Moïse répondit : « Souvenez-vous, Seigneur, d'Abraham, d'Isaac et de Jacob ; pardonnez à ce pauvre peuple, et effacez-moi du livre de vie, plutôt que de le détruire. » Dieu ajouta : « Il n'y a que le méchant qui sera effacé de mon livre de vie ; toutefois je pardonne à ce peuple. » Alors Moïse descendit de la montagne avec des tables de pierre, où Dieu avait lui-même écrit sa loi de tous les côtés. Quand le prophète vit les Israélites qui dansaient autour du veau d'or, il entra dans une si grande colère qu'il jeta ses tables contre terre, et les brisa. Ensuite il adressa de grands reproches à Aaron, et, ayant précipité le veau dans le feu, il le fit réduire en poussière ; puis, mêlant cette poussière avec de l'eau, il la fit boire au peuple ; après cela il appela les enfants de Lévi, et leur dit : « Je vous ordonne, de la part de Dieu, de prendre vos épées, et de traverser tout le camp d'un bout à l'autre, en tuant à droite et à gauche tous ceux que vous rencontrerez, sans épargner vos parents ni vos amis. » Les enfants de Lévi lui obéirent, et il y eut trois mille hommes de tués. Moïse dit alors aux enfants de Lévi : « Dieu vous bénira, parce que vous avez exécuté sa sentence. » Aussitôt Moïse s'enferma dans son tabernacle, et la nuée où se trouvait le Seigneur était à la porte ; les Israélites tremblants se prosternaient contre terre, après avoir quitté leurs beaux habits pour tâcher d'obtenir miséricorde de Dieu.

AUGUSTINE.

Cela était bien terrible de tuer trois mille hommes.

MADEMOISELLE BONNE.

Mais, ma chère, tous les Israélites méritaient la mort ; ils avaient promis d'observer la loi du Seigneur, qui condamnait à périr tous ceux qui adoreraient les idoles. Dieu était donc encore bien bon de ne punir que les trois mille qui étaient le plus coupables. Continuez, Charlotte.

CHARLOTTE.

Les enfants d'Israël murmurèrent encore contre le Seigneur et dirent : « Pourquoi avons-nous quitté l'Égypte ? Nous sommes las de ne voir que de la manne. » Moïse fut si fâché de tant d'ingratitude, qu'il pria le Seigneur de lui donner la mort pour ne plus être témoin d'une si grande méchanceté. Dieu consola son prophète et envoya une grande quantité de cailles aux Israélites. D'abord ils furent fort contents, mais Dieu en fit mourir un grand nombre. Moïse eut encore un sujet de chagrin : Aaron et sa sœur Marie se moquèrent de lui, parce que sa femme était Éthiopienne ; mais Dieu prit le parti de Moïse. Sa sœur devint lépreuse, et Moïse eut beau prier le Seigneur pour elle, elle resta lépreuse pendant sept jours. Ensuite Moïse envoya des espions dans le pays que Dieu avait promis à Abraham. Ils en rapportèrent une grappe de raisin qui était si grosse, qu'il fallait deux hommes pour la porter. Parmi les envoyés de Moïse, étaient Caleb et Josué, qui exhortèrent le peuple à venir dans ce pays, mais les autres dirent : « Cette terre est habitée par des hommes plus forts que nous ; il y a même des géants qui nous tueront, aussi bien que nos femmes et nos enfants. » Alors les Israélites s'écrièrent : « Pourquoi nous a-t-on tirés d'Égypte ? Il faut nommer un chef pour y retourner. » Et comme Josué et Caleb les réprimandaient, ils voulurent les tuer à coups de pierres. Moïse et Aaron se prosternèrent pour demander pardon à Dieu ; mais le Seigneur leur répondit : « Ce peuple a murmuré contre moi dix fois, il mourra dans ce désert ; après y être resté pendant quarante ans : ses enfants entreront dans la terre promise avec Caleb et Josué qui ont cru à ma parole : pour les autres, ils laisseront leurs cadavres au milieu des sables. » Or, le nombre de ces hommes passait six cent mille.

CHARLOTTE.

Comment les Israélites étaient-ils assez sots pour s'exposer à la colère de Dieu, dont ils connaissaient la puissance ? Comment pouvaient-ils adorer la figure d'un veau, et se plaindre de ce que Dieu les avait tirés d'Égypte ?

MADEMOISELLE BONNE.

Sommes-nous moins méchants et moins aveugles que les Israélites, ma chère, quand nous désobéissons à Dieu, et que nous n'accomplissons pas ses commandements ? Car enfin, il est certain qu'il jettera les Méchants dans l'enfer ; ceux qui seront menteurs, gourmands, emportés, désobéissants à leurs parents, impitoyables envers les pauvres ; les jalouses, celles qui parlent mal de leur prochain, qui se vengent de leurs ennemis, qui se réjouissent du mal qui leur arrive. Nous savons tout cela, mes chères enfants. Réfléchissons donc bien et n'épargnons rien pour détruire nos vices.

FIN DU PREMIER TOME.

TABLE

Avertissement   9

DIALOGUE I   19

    Avantages de l'esprit sur la beauté   20

DIALOGUE II   23

    Du bon et du mauvais esprit   24

DIALOGUE III   27

    Ce que c'est qu'un conte et une histoire   27

    Le Prince Chéri (conte)   28

DIALOGUE IV   39

    Le Bûcheron et sa Femme   42

DIALOGUE V   47

    La Belle et la Bête (conte)   48

    Histoire des papillons   55

    L'Arche de Noé   57

DIALOGUE VI   61

    Fatal et Fortuné (conte)   62

    Socrate et sa Femme   68

    La Tour de Babel   70

    La Fable   72

DIALOGUE VII   75

   Le Prince Charmant (conte)   76

   Abraham   80

   De la Géographie   83

DIALOGUE VIII   87

   La Veuve et ses Deux Filles (fable)   87

   Le Sacrifice d'Abraham   91

   Géographie   94

   Les Merveilles du monde   95

DIALOGUE IX   97

   Sur la gourmandise   99

DIALOGUE X   105

   Le Prince Désir (conte)   105

   Joseph vendu par ses frères   109

   Songe de Pharaon   111

   L'Europe (description géographique)   112

DIALOGUE XI   115

   Histoire d'un petit chien   115

   Conseils relatifs aux domestiques   116

   Le Lion reconnaissant   118

   Vengeance de Lycurgue   123

DIALOGUE XII   125

   La Belle Aurore (conte)   126

   Moïse sauvé des eaux   131

   Ce que c'est que Dieu   133

DIALOGUE XIII   137

    Les Trois Souhaits (conte)   137

    Les Israélites   140

DIALOGUE XIV   145

    Philémon et Baucis   145

    Des lacs et des rivières   149

    Dieu et ses œuvres   154

DIALOGUE XV   157

    Comment se forme la pluie   157

    Sur l'air et sur l'eau   159

    Le Pêcheur et le Voyageur (conte)   161

    Le Veau d'or   165

FIN DE LA TABLE DU TOME 1.

Dépot légal : novembre 2017
ISBN 978-2-36722-022-2